Astralprojektion

Ein Leitfaden für Reisen in die Astralebene und außerkörperliche Erfahrungen

© Copyright 2023

Alle Rechte vorbehalten. Kein Teil dieses Buches darf in irgendeiner Form ohne schriftliche Genehmigung des Autors reproduziert werden. Rezensenten dürfen in Besprechungen kurze Textpassagen zitieren.

Haftungsausschluss: Kein Teil dieser Publikation darf ohne die schriftliche Erlaubnis des Verlags reproduziert oder in irgendeiner Form übertragen werden, sei es auf mechanischem oder elektronischem Wege, einschließlich Fotokopie oder Tonaufnahme oder in einem Informationsspeicher oder Datenspeicher oder durch E-Mail.

Obwohl alle Anstrengungen unternommen wurden, die in diesem Werk enthaltenen Informationen zu verifizieren, übernehmen weder der Autor noch der Verlag Verantwortung für etwaige Fehler, Auslassungen oder gegenteilige Auslegungen des Themas.

Dieses Buch dient der Unterhaltung. Die geäußerte Meinung ist ausschließlich die des Autors und sollte nicht als Ausdruck von fachlicher Anweisung oder Anordnung verstanden werden. Der Leser / die Leserin ist selbst für seine / ihre Handlungen verantwortlich.

Die Einhaltung aller anwendbaren Gesetze und Regelungen, einschließlich internationaler, Bundes-, Staats- und lokaler Rechtsprechung, die Geschäftspraktiken, Werbung und alle übrigen Aspekte des Geschäftsbetriebs in den USA, Kanada, dem Vereinigten Königreich regeln oder jeglicher anderer Jurisdiktion obliegt ausschließlich dem Käufer oder Leser.

Weder der Autor noch der Verlag übernimmt Verantwortung oder Haftung oder sonst etwas im Namen des Käufers oder Lesers dieser Materialien. Jegliche Kränkung einer Einzelperson oder Organisation ist unbeabsichtigt.

Inhaltsverzeichnis

EINLEITUNG 1
KAPITEL EINS: GRUNDLEGENDE ENERGIEKONZEPTE 3
KAPITEL ZWEI: ASTRALPROJEKTION, ASTRALREISE ODER AKE? 11
KAPITEL DREI: ASTRALPROJEKTION UND TRÄUME 18
VIERTES KAPITEL VIER: DIE VORTEILE DER ASTRALPROJEKTION 25
KAPITEL FÜNF: ACHT DINGE, DIE SIE WISSEN SOLLTEN, BEVOR SIE EINE AKE ANSTREBEN 32
SECHSTES KAPITEL: DIE VORBEREITUNG AUF DIE ASTRALPROJEKTION 39
KAPITEL SIEBEN: FÜNF GRUNDLEGENDE ASTRALPROJEKTIONSMETHODEN 46
ACHTES KAPITEL: AKE-STRATEGIEN FÜR FORTGESCHRITTENE 59
NEUNTES KAPITEL: WAS SIE BEI DER ASTRALPROJEKTION ZU ERWARTEN HABEN 68
KAPITEL ZEHN: MIE MAN SICH SELBST AUF DER ASTRALEBENE SCHÜTZT 75
ELFTES KAPITEL: BEGEGNUNG MIT GEISTFÜHRERN UND ANDERE ASTRALREISEABENTEUER FÜR FORTGESCHRITTENE 81
KAPITEL ZWÖLF: WIE MAN IN SEINEN PHYSISCHEN KÖRPER ZURÜCKKEHRT 92
DREIZEHNTES KAPITEL: NACHWIRKUNGEN UND INTEGRATION 95
VIERZEHNTES KAPITEL: ENERGIEHEILUNG 99
KAPITEL FÜNFZEHN: DIE VERBESSERUNG IHRER HELLSEHERISCHEN FÄHIGKEITEN DURCH ASTRALPROJEKTION 102

FAZIT 106
HIER IST EIN WEITERES BUCH VON MARI SILVA, DAS IHNEN
GEFALLEN KÖNNTE... 107

Einleitung

Die Astralprojektion gibt es schon seit Tausenden von Jahren, aber sie wurde erst vor kurzer Zeit in den Mainstream-Medien bekannt. Seit das Thema in den Medien aufgetaucht ist, ist die Astralprojektion zu einem viel diskutierten Thema geworden. Für die einen gilt sie als vorübergehender Trend, für die anderen handelt es sich nur um ein Modewort, und oft wird angenommen, dass Interesse an dem Thema bald wieder abklingen wird. Astralprojektion ist jedoch viel mehr als das, was in den Medien diskutiert wird. Vor vielen Jahren glaubten die Menschen einst, dass der physische Körper alles sei, was man zum Leben und zur eigenen Existenz brauche. Aber sie wurden schnell eines Besseren belehrt, als das Wissen um einen anderen Körper - der üblicherweise als feinstofflicher Körper, als Geist oder als Astralkörper beschrieben wird - ans Licht kam. Als Astralprojektion oder außerkörperliche Erfahrung wird der Vorgang bezeichnet, bei dem der feinstoffliche Körper des Menschen in die spirituelle Welt entsandt wird und so die Freiheit erhält, das Universum, ohne den physischen Körper, zu bereisen. Jeder Mensch besitzt die Fähigkeit dazu, aber nicht alle Menschen haben gelernt, wie sie sie richtig nutzen. Der Zweck dieses Buches ist es, Menschen zu helfen, die noch nicht gelernt haben, wie sie die Fähigkeit zur Astralprojektion zu ihrem eigenen Vorteil nutzen können.

Die Astralprojektion wird sowohl mit körperlichen als auch mit geistigen Vorteilen in Verbindung gebracht. Infolgedessen interessieren sich viele Menschen für diese Praxis, in der Hoffnung, sie als Werkzeug für ihre persönliche Entwicklung und ihr spirituelles Wachstum nutzen zu können. Da das Thema Astralprojektion erst seit kurzem in den Medien präsent ist, bieten viele der verfügbaren Ressourcen nur sehr vage und meist wenig hilfreiche Informationen zu diesem Thema an. Viele der Informationen sind ungeeignet für Menschen, die die Kunst der Astralprojektion wirklich ernst nehmen wollen. Der Großteil der Informationen ist rein theoretisch, und es gibt kaum praktische Beispiele. Wenn Sie dies lesen, interessieren Sie sich wahrscheinlich auch dafür, zu lernen, wie man Astralprojektionen und außerkörperliche Erfahrungen gezielt herbeiführt und sie für das persönliche Wachstum und die eigene Entwicklung nutzt. Es ist recht wahrscheinlich, dass Sie bisher noch nicht die richtigen Ressourcen gefunden haben, die Ihnen die Ihnen aktuelle Informationen bieten und Ihnen bei Ihren aktiv Astralreisen helfen können. Nun, Ihre Suche nach dem richtigen Leitfaden ist nun zu Ende.

Das Buch *Astralprojektion: Ein Leitfaden für Astralreisen und außerkörperliche Erfahrungen* enthält alle Informationen, die Sie sich jemals von einem Buch über Astralprojektion gewünscht haben. Dieses Buch unterscheidet sich von jedem anderen Produkt auf dem Markt, da es aktuelle, relevante Informationen enthält, mithilfe derer Sie Ihren Traum von der Astralprojektion Wirklichkeit werden lassen können. Vom ersten bis zum letzten Kapitel bietet Ihnen dieses Buch außerdem etwas, womit Ihnen andere Bücher nicht dienen können: eine theoretische und praktische Einschätzung von Astralprojektion, Astralreisen und außerkörperlichen Erfahrungen. Es spielt dabei keine Rolle, ob Sie ein Anfänger sind, der bisher nur sehr wenig über Astralprojektion weiß, oder jemand, der bereits alle Grundlagen kennt - jeder kann aus diesem Leitfaden noch etwas lernen. Das Buch enthält neue und faktenbasierte Informationen über Energiefelder, Energiezentren, Astralreisetechniken und Astralerkundung. Das Handbuch deckt alle Themen ab, zu denen Sie mehr wissen wollten und bereitet Sie darauf vor, mit der Astralprojektion zu beginnen.

Lesen Sie weiter, falls Sie Ihr Bewusstsein steigern und Ihre Erleuchtung intensivieren wollen, und falls Sie körperlich und geistig eine viel bessere Version Ihrer selbst werden wollen. Wenn Sie jedoch nicht viel Wert auf Ihre persönliche, kognitive und spirituelle Entwicklung legen, ist dies vielleicht nicht das richtige Buch für Sie. Dieser Leitfaden ist für Menschen gedacht, die sich selbst verbessern wollen. Wenn Sie aber bereit sind, sich auf eine erstaunliche Reise der Selbstentdeckung und Astralprojektion zu begeben, lesen Sie weiter!

Kapitel Eins: Grundlegende Energiekonzepte

Jeder Mensch ist ein geistiges Wesen, das in einem physischen Körper wohnt. Da Sie ein geistiges Wesen sind, ist Ihr physischer Körper von einer sogenannten „Aura" umgeben, einem Energiefeld, das aus sieben verschiedenen Schichten besteht.

Für Anfänger, die mit Spiritualität und Energielesen weniger vertraut sind, mag die obige Aussage ein wenig verwirrend klingen. Sie wird jedoch sofort weniger kompliziert, wenn Sie wissen, was sie bedeutet. Also, lassen Sie uns deren Bedeutung aufschlüsseln. Ihr Körper - der menschliche Körper - besteht aus verschiedenen Schichten, die als Energieschichten bezeichnet werden. Diese sieben Schichten sind voneinander getrennt und existieren als individuelle Einheiten, aber sie durchdringen sich gleichzeitig auch gegenseitig. Die Energieschichten umgeben Ihren physischen Körper, und in ihrer Summe bilden sie Ihre Aura. Die Aura wird auch als das menschliche Energiefeld bezeichnet. Aus wissenschaftlicher Sicht handelt es sich bei der Aura um ein „elektromagnetisches Feld". Sie umgibt den Körper und dehnt sich in alle Richtungen aus, so dass sie eine große, wabernde ovale Form annimmt.

Jeder lebende Organismus hat eine Aura - eine durch Energiewellen schwingende Lichtfrequenz. Das Aura- oder Energiefeld besteht aus verschiedenen Farben und einer bestimmten Farbe, die zu jeder Zeit den Großteil der Aura abdeckt. Die Farben der Aura dienen als

Indikatoren für Ihre Energie, Ihre Gedanken, Ihre Gefühle und Ihren Bewusstseinszustand. Normalerweise sind die Aura-Farben bei den meisten Menschen gleich, können aber manchmal von Person zu Person unterschiedlich sein. In Ihrem ausgeglichenen Zustand strahlt Ihre Aura einen sehr hellen und überwältigenden Farbton aus, der sich bis zu mehreren Metern um Ihren physischen Körper herum erstreckt. In einem Zustand des Ungleichgewichts oder der Ungesundheit verändert sich Ihr aurisches Feld jedoch und nimmt eine stumpfe Farbe an. Die Aura zieht sich dabei von Ihrem physischen Körper zurück. Idealerweise sollten die Aurafarben immer einen hellen Farbton ausstrahlen, da dies für Vitalität, Positivität und für gute Gesundheit steht. Dunklere und trübe Farben deuten auf Krankheit, Negativität und ein allgemeines Ungleichgewicht des gesamten Körpers hin.

Die Farben der Aura sind die Indikatoren für Ihren Geisteszustand. Daher bedeutet jede Farbe etwas anderes. Unten finden Sie eine Beschreibung einiger Aurafarben und mehr Informationen dazu, was sie symbolisieren:

- Violett steht für Ihr Bewusstsein und Ihre Offenheit. Das Violett in der Aura erscheint typischerweise als Farbblitz, der sich anschließend in größere Farbblöcke integrieren lässt.
- Blau steht für den Grad der intuitiven Fähigkeiten, je nach Farbton. Ein helles Königsblau kann auf starke hellseherische Fähigkeiten und ausgeglichene Energie hinweisen.
- Grün symbolisiert Heilungsfähigkeit. Eine blau-grüne Farbe in Ihrer Aura bedeutet, dass Sie über Heilkräfte verfügen.
- Gelb steht für Wissbegierde. Wenn Sie Gelb in Ihrer Aura haben, bedeutet das, dass Sie ein sogenanntes spirituelles Erwachen erleben werden.
- Orange symbolisiert Vitalität. Es ist außerdem ein Indikator für Ihre Gefühle. Ein leuchtendes Orange in Ihrer Aura zeigt, dass Sie lebensfroh und bei guter Gesundheit sind. Kombiniert mit roten Farbbereichen steht die Farbe für ein starkes Vertrauen in Ihre persönlichen Fähigkeiten.
- Rot bedeutet Entscheidungsfreudigkeit. Dunkelrot ist ein Hinweis auf unterdrückte Wut und auf andere negative Energien. Im Gegensatz dazu symbolisiert ein hellerer Rotton Genügsamkeit.

- Regenbogenfarben in der Aura sind typischerweise bei Naturheilern, spirituellen Lehrern und Lichtmanipulatoren zu finden.

Die Aura dient dazu, den physischen Körper zu schützen und Ihren Geist vor negativen Schwingungsfrequenzen abzuschirmen, die Ihnen sonst möglicherweise Schaden zufügen könnten. Die Energie und das aurische Feld dienen als Speicher für Ihre Gedanken, Überzeugungen, Erinnerungen und Lebenserfahrungen. Die Chakren und die Aura sind miteinander verbunden; daher können die Chakren die Aura beeinflussen. Sie können Veränderungen in der Form und der Farbe der Aura bewirken. Das ist genau der Grund, warum die menschliche Aura von Person zu Person unterschiedlich ist. Aufgrund von Unterschieden in den Gedanken- und Gefühlsmustern der Aura verändern sich die Schwingungen ständig. Wenn Sie beispielsweise eine niedrig schwingende Emotion empfinden, verdunkelt die Aura ihre Farben, um dies widerzuspiegeln. Genauso verhält es sich, wenn Sie in guter Stimmung sind und Ihre Schwingungsfrequenzen entsprechend hoch sind – die Aura hellt sich auf und weitet ihre Ausstrahlung aus.

Die sieben Energieschichten des aurischen Feldes werden auch als der „subtile Körper" bezeichnet. Sie sind alle jeweils unterschiedlich und verhalten sich nicht so einheitlichen, wie viele Menschen annehmen. Die sieben Energieschichten sind mit den sieben Chakren verbunden, und sie entsprechen den verschiedenen Erfahrungsebenen. Obwohl Sie Ihren physischen Körper gut sehen können, können Sie die anderen sieben feinstofflichen Körper, die ebenfalls zu Ihnen gehören, nicht sehen, es sei denn, Sie haben starke hellseherische oder wahrnehmende Fähigkeiten. Sogar Menschen, die sich mit dem Lesen von aurischer Energie gut auskennen, haben Schwierigkeiten, die Energieebenen richtig zu verstehen. Aber man muss die aurischen Schichten nicht sehen können, um sie zu spüren oder zu fühlen. Alles, was Sie wissen müssen, ist, was die Schichten sind und wie Sie richtig mit ihnen arbeiten können. Sobald Sie das wissen, können Sie sie anzapfen, um Ihre Ziele zu erreichen, wie beispielsweise die Abstimmung Ihrer Gedanken, die Abstimmung Ihrer Emotionen oder verschiedene außerkörperliche Erfahrungen.

Ätherische Schicht

Die ätherische Schicht ist der erste Energiekörper und steht dem physischen Körper am nächsten. Oft wird der Begriff „ätherisch" als

Synonym für die Aura oder den feinstofflichen Körper eingesetzt. Das Wort „ätherisch" wurde von dem Wort „Äther" abgeleitet, der als ein Ort jenseits des physischen Raumes verstanden wird. Das ätherische Energiefeld befindet sich etwa fünf Zentimeter weit vom physischen Körper entfernt. Als wichtiger Teil des gesamten Energiefeldes ist die ätherische Energie die erste Schicht, die den physischen Körper umgibt. Experten, die über die besondere Fähigkeit verfügen, die zweite Unterschicht der Energie spüren zu können, beschreiben sie als eine dehnbare Kraft. Diese Kraft ist mit einem Netz vergleichbar - einem Netz aus Energie, das genau wie der physische Körper existiert. Die ätherische Schicht verankert Ihren physischen Körper an seinem Platz. Diese Schicht ist auch der Ort, an dem sich Ihre wichtigsten Nadis - winzige Energiekanäle - befinden.

Die ätherische Schicht ist mit dem Wurzelchakra an der Basis der Wirbelsäule verbunden. Ihre Farbe kann unterschiedlich sein und reicht von blau über violett bis hin zu silbergrau. Von allen feinstofflichen Körpern ist die ätherische Schicht am einfachsten mit den bloßen Augen zu sehen. Sie können sie vielleicht sogar sehen, wenn Sie Ihre Hände mindestens dreißig Sekunden lang aneinander reiben. Da die ätherische Schicht mit der Gesundheit und Vitalität des physischen Körpers zusammenhängt, haben Menschen, die körperlich fit und aktiv sind, in der Regel auch einen entsprechend starken Ätherkörper.

Emotionale Ebene

Diese aurische Schicht ist der zweite feinstoffliche Körper, etwa drei Zentimeter von Ihrem physischen Körper entfernt. Die emotionale Schicht durchdringt den physischen und den ätherischen Körper. Sie dient als Brücke, die den mentalen und den physischen Körper verbindet. Sie ist mit dem Sakralchakra verbunden und dient als Behälter für alle Ihre Emotionen und Gefühle. Als Speicher für Ihre Gefühle und Ängste fasst das emotionale Feld Ihre Erfahrungen in der physischen Welt zusammen und interpretiert sie. Es bestimmt außerdem, wie Sie auf innere und äußere Einflüsse reagieren und wie Sie diese interpretieren und beantworten, einschließlich der Wahrnehmung anderer Menschen.

Der Gefühlskörper besteht aus einem Farbspektrum, das als fließender, mobiler Körper existiert. Abhängig von Ihrem emotionalen Zustand erscheinen die Farben entweder hell, warm und gesättigt oder gefährlich dunkel, ruhig und wolkig. Die Verbindung zwischen dem mentalen und dem emotionalen Feld ist dabei der Grund, warum Menschen ein und dieselbe Situation unterschiedlich wahrnehmen. Wenn der emotionale Körper aus dem Gleichgewicht geworfen wurde, lassen sich Situationen leicht falsch interpretieren und es kommt zu irrationalen Reaktionen. Ist das emotionale Feld jedoch im Gleichgewicht, so wird es zum Zentrum von allem. Mit anderen Worten: Es reguliert Ihren emotionalen Zustand. Stellen Sie es sich einfach als den Richtungsweiser Ihres Bewusstseins vor.

Mentale Ebene

Der Mentalkörper gilt als die dritte Schicht des aurischen Feldes. Er ist mit dem dritten Chakra verbunden und für die Formulierung von verschiedenen Denkprozessen verantwortlich. Wie der Name verrät, steht diese Schicht mit dem Verstand, den kognitiven Fähigkeiten und dem mentalen Zustand in Verbindung. Die mentale Ebene ist außerdem mit dem Solarplexus-Chakra verbunden, das gelb ist. Daher hat es das Aussehen einer goldgelben Wolke, die den Kopf und die Schultern eines jeden Menschen umkreist.

Ihre geistige Schicht ist etwa drei bis acht Zentimeter von Ihrem physischen Körper entfernt. Sie wird dennoch durch kognitive Aktivität beeinflusst und dehnt sich aus, wenn Sie intensiv nachdenken oder Gedanken verarbeiten. Wie der physische und ätherische Körper hat auch der Mentalkörper eine Struktur. Innerhalb der geistigen Schicht kann man sehen, wie sich Gedanken bilden. Die Farben der mentalen Schicht sind mit einigen Farben des Emotionalkörpers verbunden. Die Farben, die miteinander verbunden sind, repräsentieren die Emotionen, die mit jeder Gedankenform verbunden sind, was erklärt, wie die mentale und die emotionale Ebene miteinander verbunden sind.

Wenn Sie sich intensiv auf einen bestimmten Gedanken konzentrieren, erscheint der Gedanke wohlgeformt, und jeder mit einer hohen Wahrnehmungsfähigkeit kann die gedankliche Form sehen. Dies gibt Ihnen einen Einblick in die komplexe Art und Weise, auf die Gedanken im aurischen Feld Formen annehmen und anschließend in die anderen Energiekörper hinunterwandern, bis sie den vordersten Bereich des physischen Körpers erreichen. Die mentale Schicht ist typischerweise bei Menschen, die ihren Verstand regelmäßig trainieren, stärker ausgeprägt als die anderen Sinne. Sie nimmt ein leuchtendes Erscheinungsbild an, wenn man sich im Geiste auf etwas konzentriert.

Astralebene

Der Astralkörper befindet sich über den drei bisher besprochenen Schichten und erstreckt sich etwa 30 cm weit nach außen. Diese Schicht ist mit dem vierten Chakra verbunden, d.h. sie bildet die Brücke zwischen dem physischen und dem spirituellen Selbst. Sie ist zentral zu allen anderen Schichten positioniert, d.h. sie befindet sich direkt in der Mitte. Ähnlich wie der Emotionalkörper beherbergt die Astralebene ein Spektrum aus Licht, das sich ständig bewegt. Der Farbton der Farben im Astralkörper ändert sich abhängig von Ihrer geistigen Gesundheit. Ihr Astralkörper ist eng mit dem Herzchakra verbunden und korreliert mit Ihren Äußerungen zu Herzensangelegenheiten. Daher wirkt er sich auf Ihre Beziehungen und auf Verbindungen mit anderen Menschen aus.

Ätherisches Abbild

Das ätherische Abbild sitzt an fünfter Stelle und umgibt Ihren physischen Körper, es erstreckt sich etwa einen halben Meter weit nach außen. Es handelt sich um das energetische Abbild des physischen Körpers - die Matrix, aus der Ihre Struktur und Ihre Organe hervorgehen. Diese Schicht ist mit dem Halschakra verbunden. Ähnlich wie das Halschakra kanalisiert das ätherische Abbild alles, was auf der physischen Ebene entsteht. Bevor Ihr physischer Körper krank wird, können Sie es zunächst in Ihrem ätherischen Abbild spüren. Das bedeutet auch, dass Sie Krankheiten und Gebrechen auf dieser aurischen Ebene heilen können, bevor sie sich in Ihrem physischen Körper manifestieren. Das ätherische Abbild nimmt bei jedem Menschen eine andere Farbe an. Wenn Sie sich von Begrenzungen befreien und Ihre Selbstwahrnehmung zunimmt, strahlt das ätherische Abbild entsprechend hell auf.

Himmelsschicht

Die himmlische Schicht bildet den sechsten feinstofflichen Körper und ist mit dem Chakra des dritten Auges verbunden. Manche Menschen nennen den Himmelskörper auch den spirituellen Körper. Der Himmelskörper dient als Brücke zwischen Ihnen und Ihrer Verbindung zu allen Dingen, einschließlich Ihres wahren Selbst innerhalb des Universums, dem höheren Wesen, dem Göttlichen oder dem Jenseits. Obwohl es sich um eine der mächtigsten aurischen Schichten handelt, sind sich viele Menschen der Existenz des spirituellen Körpers nicht bewusst, weil sie nicht mit der spirituellen Energie im Einklang sind. Dabei handelt es sich um den Ort, an dem Ihre Vorstellungskraft, Ihre Einsichten und Ihre Intuitionen Gestalt annehmen. Es hat sehr wenig mit Religion und stattdessen hauptsächlich mit Ihrem Höheren Selbst zu tun. Es ist der Ort, an dem das Erwachen und die Erleuchtung Ihren Anfang haben.

Ketherisches Abbild

Die siebte und letzte Schicht ist mit dem Kronenchakra verbunden und erstreckt sich etwa 90 cm weit nach außen. Das ketherische Abbild steht für Ihre Verbindung mit dem Universum. Es handelt sich um den Ort, an dem Sie mit dem Kosmos, dem höheren Wesen und dem Göttlichen eins werden können. Es ist der Ursprung des höheren Bewusstseins - der Ort, an dem Ihr höheres Bewusstsein residiert. Ihr spiritueller Körper ist eine Manifestation der Verbindung zwischen Ihrer Seele, Ihren Erfahrungen, Ihrem Karma und Ihrem Schicksal. Er enthält alles, was Ihre Seele in Ihren vergangenen und gegenwärtigen Leben erlebt hat und alles, was Sie erleben wird.

Die ketherische Schicht hält das aurische Feld und die Chakren zusammen. Sie ist die Schnittstelle zwischen Ihnen und allem anderen. Diese Schicht ist golden. Das Entriegeln der ketherischen Schicht bahnt Ihnen den Weg zu einem jenseitigen Verständnis des Universums und zu dem, wofür Sie innerhalb des Universums stehen. Das erfolgreiche Freisetzen der ketherischen Ebene gibt Ihnen die Fähigkeit, auf Ihre Akasha-Aufzeichnungen zuzugreifen und dort die Details Ihres vergangenen Lebens und Erfahrungen aus anderen Leben zu sehen.

Obwohl es sich bei diesen sieben Energieschichten um unterschiedliche feinstoffliche Körper handelt, können sie sich auf der Grundlage Ihrer täglichen Erfahrungen miteinander verbinden.

Viele Menschen glauben im Allgemeinen, dass der physische Körper auch Teil des aurischen Feldes ist, aber das stimmt nicht. Das aurische Feld umgibt Ihren Körper. Alle sieben Schichten des Energiefeldes sind „feinstoffliche Körper". Der physische Körper ist ein Produkt des morphogenetischen Feldes. Der Biologie zufolge handelt es sich dabei um eine Ansammlung von Zellen, die die konkrete Struktur und die Organe des Körpers bilden, wie z. B. Ihr Gehirn, Ihre Haut, Ihr Gewebe, Ihre Knochen, Ihr Blut und so weiter. Ihr physischer Körper besteht aus Ihrem Skelett, aus Ihren Bändern, Ihren Venen und aus allem, was Sie als Ihr „physisches Selbst" verstehen. Aufgrund seiner Greifbarkeit können Sie feststellen, ob der physische Körper verletzt ist oder nicht, ob er gesund ist oder nicht, ob er satt ist oder nicht. Er gibt Ihnen im Allgemeinen erkennbare und physische Zeichen zu seinem Zustand. Der physische Körper ist eine Repräsentation Ihrer physischen Erfahrung in der Welt, Ihrer Physiologie und Ihrer Fähigkeit, verletzt zu werden und zu heilen. Wenn dieser Körper im Gleichgewicht ist, fühlen Sie sich gesund, anpassungsfähig und flexibel. Wenn Ihre Vitamin- und Mineralelemente im Gleichgewicht sind, ist der physische Körper frei von Toxizität, Übersäuerung und Schmerzen. Die sieben Schichten des Energiefeldes haben alle die Aufgabe, den physischen Körper zu schützen und abzuschirmen.

Von allen sieben Aura-Körpern ist der Astralkörper derjenige, der in diesem Buch am ausführlichsten wird. Ohne den Astralkörper wären Astralprojektion, Astralreisen und außerkörperliche Erfahrungen nicht möglich. Finden Sie als Nächstes heraus, wie sich diese drei Begriffe voneinander unterscheiden.

Kapitel Zwei: Astralprojektion, Astralreise oder AKE?

Die Astralprojektion mag in den modernen Medien ein relativ neues Konzept sein, aber es gibt sie schon seit vielen Jahren. Einst beruhte sie auf Weisheit, die nur wenige erleuchtete Menschen besaßen. Mittlerweile ist die Astralprojektion auch in den Mainstream-Medien bekannt, und viele der Informationen rund um das Thema wurden miteinander verworren. Astralprojektion, Astralreisen und außerkörperliche Erfahrungen (AKE) werden wie Synonyme im Sprachgebrauch verwendet. Dies führt dazu, dass Fehlinformationen an Menschen, die gerne auf der Astralebene reisen würden, verbreitet werden. Der Astralkörper und andere feinstoffliche Körper werden schon seit langem regelmäßig in historischen Aufzeichnungen und Berichten erwähnt. Auf Grundlage dieser Kenntnisse wurden viele esoterische Heilpraktiken entwickelt, die mit dem Wissen über das menschliche Energiefeld in Verbindung stehen - insbesondere in den östlichen Gebieten der Welt. Auch heute werden esoterische Heilpraktiken weiterhin anerkannt und erfreuen sich großer Beliebtheit. Sogar in den Mainstream-Medien werden sie immer beliebter.

Um zu verstehen, was die Astralprojektion und Astralreisen bedeuten, müssen Sie zunächst eine Vorstellung davon haben, was AKE bedeutet. Eine außerkörperliche Erfahrung ist ein Zustand, in dem Sie spüren, wie Ihr Bewusstsein Ihrem Körper entgleitet. In der Wissenschaft wird dieses Phänomen auch als dissoziative Episode bezeichnet, weil sich Ihr Bewusstsein während dieser Zeit von Ihrem physischen Körper löst. Es wird angenommen, dass AKEs oft von Menschen erlebt werden, die sich schonmal in einer Nahtodsituation befunden haben. In der Regel können Sie Ihr Selbstgefühl in Ihrem physischen Körper spüren. Dies ermöglicht es Ihnen, die Welt und alles, was sie enthält, aus einem bestimmten Blickwinkel heraus wahrzunehmen. Aber während einer AKE haben Sie das Gefühl, dass Sie die Welt und sich selbst aus einer anderen Perspektive betrachten. Wenn Sie eine AKE noch nicht direkt erlebt haben, ist es schwierig, Ihnen einen genauen und detaillierten Eindruck des Gefühls zu vermitteln. Im Allgemeinen hat man bei einer AKE jedoch das Gefühl, außerhalb des eigenen Körpers zu schweben. Außerdem haben Sie möglicherweise den Eindruck, dass Sie die Welt und Ihren Körper aus einer etwas erhöhten Position heraus betrachten. Während einer AKE fühlt sich alles sehr real an – so als ob Sie die Erfahrung in Wirklichkeit machen würden. AKEs treten im Allgemeinen ungewollt und ohne Vorwarnung auf. Außerdem dauern sie üblicherweise nicht sehr lange.

Viele Menschen bezeichnen die Astralprojektion und AKEs als ein und dasselbe Phänomen; beide sind jedoch unterschiedlich. Die Astralprojektion ist wie eine absichtliche AKE. Sie beinhaltet alles, was auch bei einer gewöhnlichen außerkörperlichen Erfahrung passiert. Der entscheidende Unterschied besteht jedoch darin, dass Sie sich bewusst darum bemühen müssen, sich aus Ihrem Körper herauszusenden. Außerdem müssen Sie sich bei einer Astralprojektion darum bemühen, Ihr Bewusstsein auf die spirituelle Ebene zu schicken.

Andererseits sind AKEs ungeplant und passieren oft dann, wenn man sie am wenigsten erwartet. Astralreisen sind fast dasselbe wie Astralprojektion und AKE, aber sie sind Teil einer tiefgreifenderen Erfahrung. Bei einer Astralreise gelingt es Ihnen, Ihr Bewusstsein in die spirituelle Dimension zu schicken. Sie bleiben dabei körperlich in dieser Dimension und stimmen sich für eine bestimmte Zeit auf Ihr höheres Bewusstsein ein, bevor Sie schließlich Ihren Körper verlassen. Man könnte sagen, dass AKE der wissenschaftlichere Begriff ist, während Astralprojektion oder Astralreisen spirituell sind. Aber alle Begriffe beziehen sich auf die gleiche Praxis oder Erfahrung, mit geringfügigen Unterschieden.

Es gibt aber noch weitere Unterschiede zwischen Astralprojektionen, Astralreisen und AKEs. In der Wissenschaft erkennen Experten an, dass AKEs tatsächlich stattfinden. Es gibt mehrere Studien, die sich ausführlich mit dem Verständnis von AKEs beschäftigen.

Unbeabsichtigte AKEs können aus verschiedenen Gründen auftreten.

Einer der möglichen Auslöser von AKEs ist nach Ansicht vieler Mediziner ein Trauma oder akuter Stress. Eine gefährliche, bedrohliche oder beängstigende Situation kann eine Angstreaktion auslösen, die Sie dazu veranlasst, sich von der Situation zu distanzieren und sie wie ein Beobachter von außen zu erleben. Wenn Sie sich von einer traumatischen Erfahrung distanzieren, können Sie das Ereignis von einem Ort außerhalb der physischen Ebene aus beobachten. Viele Frauen erleben AKEs während der Geburt Ihrer Kinder, weil die Geburt so schwierig ist. Eine weitere mögliche Ursache für ungewollte AKEs sind medizinische Komplikationen. Auch Medikamente, Schock, meditative Trance usw. können Sie auslösen. Keine dieser Ursachen trifft jedoch direkt auf Astralprojektionen oder Astralreisen zu. Astralprojektionen sind üblicherweise gewollt. Sie erfolgen nicht aufgrund von Stress, Trauma oder einem der als Ursachen für AKEs genannten Gründe. Während einer Astralprojektion oder -reise können Sie ein klares Selbstbewusstsein aufrechterhalten. Ihre Sinne werden geschärft und verfeinert, so dass Sie die Möglichkeit haben, Ihre Handlungen und Entscheidungen außerhalb Ihres Körpers weiterhin zu hinterfragen. Astralreisen kommen nicht unerwartet auf Sie zu, und sie überraschen Sie auch nicht.

Mit Hilfe der Astralprojektion können Sie das nötige Wissen und die Kraft freisetzen, die erforderlich sind, um die Antwort auf die immerwährende Frage nach dem Leben auf der physischen Ebene zu finden. Sobald Sie erkennen, dass es andere menschliche Dimensionen gibt - Orte der Existenz, zu denen Sie nach dem Tod übergehen können -, beginnt das Leben eine tiefere Bedeutung anzunehmen. Wenn Sie lernen, wie man auf der Astralebene reist, können Sie Dinge erlernen, die Sie über Ihr wahres Selbst noch nie wussten, und Dinge verlernen, die Sie bisher für die unbestreitbare Wahrheiten hielten. Diese Erfahrung öffnet Ihnen die Augen und gibt Ihnen ein Verständnis davon, dass Ihr physischer Körper nur ein Teil Ihres ganzen Selbst ist. Dadurch erkennen Sie, dass Ihre Existenz mehr ist, als das menschliche Auge üblicherweise sehen kann. Das Reisen auf der Astralebene ist der Schlüssel zu einem höheren Selbstverständnis. Mit einem begrenzten Bewusstsein sehen und verstehen Sie nicht wirklich, was Ihre Existenz ausmacht. Sie glauben, dass der physische Körper alles ist, was es an Realität gibt. Astralreisen können Ihnen dabei helfen, diesen Irrglauben zu korrigieren.

Als Mensch werden Sie mit einem physischen Körper geboren, der es Ihnen ermöglicht, auf der physischen Ebene zu existieren. Ohne die physische Form wäre es für Ihre Seele unmöglich, auf der Erde zu existieren. Die Astralprojektion ermöglicht es Ihnen, sich von diesem physischen Körper zu lösen und sich in die benachbarte Existenzebene - die Astralebene - zu projizieren. Dabei verlässt Ihre Seele Ihren physischen Körper und tritt in den Astralkörper ein. Der Astralkörper ist bereits ein Teil von Ihnen, genau wie Ihr physischer Körper. Der Unterschied zwischen beiden liegt darin, dass Sie ihn nicht absichtlich in Besitz nehmen können, es sei denn, Sie lernen, das aurische Feld anzuzapfen.

Der Astralkörper hat besondere Eigenschaften, die ihn von Ihrer physischen Form unterscheiden. Der physische Körper ist durch die Schwerkraft eingeschränkt, der Astralkörper jedoch nicht. Durch geistige Anstrengung kann Ihr Astralkörper die Beschränkung durch die Schwerkraft leicht überwinden. Wenn Sie sich in Ihrem Astralkörper befinden, können Sie genauso herumlaufen wie im physischen Körper, sich über den Boden erheben oder sogar in den Weltraum reisen. Anders als der physische Körper kann der Astralkörper nicht verletzt werden. Eine der stärksten Ängste der Menschen aus der Erde ist die Angst vor Schmerzen und Verletzungen. Außerhalb des Körpers können Sie jedoch die normale menschliche Reaktion auf scheinbar negative Emotionen wie Angst oder die Erfahrungen, die diese Emotionen auslösen, verlernen. Das liegt daran, dass nichts Ihren Astralkörper beschädigen oder verletzen kann. Pistolen, Messer, Krankheiten oder Autos können Sie nicht mehr verletzen, also flößen Sie Ihnen auch keine Angst mehr ein.

Die Astralprojektion ist eine Form der Telepathie. Man könnte sagen, dass es sich um Telepathie in ihrer einfachsten Form handelt. Wenn Sie sich außerhalb Ihres Körpers befinden, können Sie mithilfe Ihrer Gedanken kommunizieren. Die verbale Kommunikation ist dazu nicht zwingend erforderlich. Sie brauchen Ihre Lippen nicht einmal zu bewegen, damit die Menschen hören, was Sie zu sagen haben. Sie können jedoch auch verbal kommunizieren, wenn Sie es wünschen. Manchmal hören Sie auf der physischen Ebene etwas, das Ihnen wie ein Gedanke erscheint, aber in Wirklichkeit ist es jemand anderes, der mit Ihnen auf der Astralebene kommuniziert.

Es gibt vier Möglichkeiten, auf die Ihr Bewusstsein Ihren physischen Körper verlassen kann, um anschließend in den Astralkörper einzutreten.

- **Unbeabsichtigt/unbewusst:** Sie können Astralreisen unbeabsichtigt antreten, zum Beispiel, während Sie schlafen, ganz, ohne es zu wollen. Sie werden nicht einmal bemerken, dass Sie sich plötzlich außerhalb Ihres physischen Körpers befinden. Viele Menschen erleben diese Form der Astralprojektion, merken es aber gar nicht. Deshalb glauben sie vielleicht auch nicht, dass es sich bei der Astralprojektion um eine echte Erfahrung handelt. Wenn Sie oft vom Fliegen träumen, liegt das in der Regel daran, dass Ihr Astralkörper schwebt und auf den physischen Körper herabschaut.

- **Unbeabsichtigt/bewusst:** Dies geschieht, wenn Ihr Bewusstsein Ihren Körper verlässt und Sie in der Astralform erwachen. Ohne Vorwissen über die Astralebene oder die Astralprojektion reagieren Sie vielleicht mit Panik auf diese Erfahrung und glauben, Sie seien gestorben. So ergeht es vielen Menschen, die eine Nahtoderfahrung hatten und eine unerwartete AKE erlebten.

Wenn Ihnen dies zum ersten Mal widerfährt, wird Ihre unmittelbare Reaktion vermutlich darin bestehen, sich zurück in Ihren Körper kämpfen zu wollen. Sie werden jedoch schnell feststellen, dass es Ihnen umso schwerer fällt, Ihren physischen Körper zu erreichen, je mehr Sie sich bemühen. Das Wichtigste ist, dass Sie sich nicht aufregen oder in Panik geraten. Bleiben Sie ruhig, und Sie werden schließlich zu Ihrem Körper zurückkehren.

Der Grund dafür, dass Sie es schwierig finden werden, zu Ihrem physischen Körper zurückzukehren, wenn Sie sich abmühen, ist folgender:

- Wenn man sich anstrengt, ist die Schwingungsfrequenz des Astralkörpers nicht mehr mit der des physischen Körpers synchronisiert. Daher kann das Bewusstsein nicht einfach von einem zum anderen übergehen.

- **Bewusst/unbewusst:** Sie versuchen, sich aus Ihrer physischen Form heraus zu projizieren, und es gelingt Ihnen. Sie haben jedoch keine Ahnung, dass Sie bei dem Versuch erfolgreich waren. Deshalb tun Sie nichts, bis Sie unbewusst in Ihre physische Form zurückkehren.

- **Absichtlich/bewusst:** In diesem Falle handelt es sich um eine gut geübte Astralprojektion, die Sie erlernen müssen, um sie durchführen zu können. Dabei verlässt man absichtlich den eigenen physischen Körper und wechselt zum Astralkörper über. In der Astralform können Sie alle Dinge tun, zu denen Ihr physischer Körper auch fähig ist.

Heute sind viele Menschen mit diesem Wissen vertraut und akzeptieren, dass sie in einem Universum leben, das aus Energie und Materie besteht. Darüber hinaus haben sie sich mit dem Wissen angefreundet, dass sie Energiewesen sind. Der wesentliche Unterschied zwischen unbewussten und gut geübten Astralreisen besteht darin, dass Sie während der bewussten Astralprojektionen Ihren Astralkörper und die Orte, die er in diesem Zustand besucht, kontrollieren können. Aber Sie haben keine Kontrolle über das, was passiert, wenn Sie im Schlaf astralreisen. Wenn Sie träumen, ist das eine Form der Astralprojektion, und zwar eine unbewusste, die so stark sein kann, dass Ihre Seele im Schlaf Ihren Körper verlässt.

Es gibt einen physischen Schalter, der nach Belieben aktiviert werden kann, um einen Zustand des Astralreisens auszulösen. Sie aktivieren diesen Schalter, wenn Sie absichtlich und bewusst eine Astralreise oder eine außerkörperliche Erfahrung machen. Er befindet sich tief im Gehirn und wird als die Zirbeldrüse bezeichnet. Wenn die Zirbeldrüse aktiviert ist, setzt sie Dimethyltryptamin (DMT) frei. Dieses DMT ist die Chemikalie, die Ihre Seele alarmiert und aus dem Körper austreibt. Es löst auch Nahtoderfahrungen aus und leitet den Übergang der Seele zum Zeitpunkt des Todes ein.

Realistisch betrachtet sind nur wenige Menschen wirklich in der Lage zu kontrollieren, was ihre Seele tut, wenn sie außerhalb des Körpers ist, zum Beispiel während sie schläft. Die Astralprojektion gibt Ihnen die zusätzliche Kontrolle, weshalb sie auch als „bewusster Schlaf" bekannt ist.

Wenn man die Astralprojektion im Zustand des Bewusstseins erlernt hat und praktizieren kann, hat das zahlreiche Vorteile. Diese Vorteile gehen über den physischen oder mentalen Bereich hinaus. Um Ihnen dabei zu helfen, zu verstehen, wie die Astralreisen Ihr Leben beeinflussen können, gibt es in diesem Buch ein Kapitel, das den

Vorteilen der Astralprojektion, den Astralreisen und den außerkörperlichen Erfahrungen gewidmet ist.

Kapitel Drei: Astralprojektion und Träume

Wir Menschen reisen in unseren Träumen, manchmal luzide und manchmal nicht, ohne uns dessen bewusst zu sein. Daher glauben viele Menschen, dass Astralprojektion und luzides Träumen dasselbe sind. Viele Menschen behaupten, dass man jedes Mal, wenn man schläft und träumt, die Astralebene besucht. Aber stimmt das? Nein, das tut es nicht.

Die Astralprojektion ist im Gegensatz zu Träumen kein Konstrukt des Geistes. Träume sind mentale Konstrukte, die das Unterbewusstsein erschafft, während Sie schlafen. Sie können nur träumen, wenn Sie schlafen, aber Sie müssen nicht schlafen, um die Astralprojektion zu praktizieren. Wenn Sie schlafen gehen, leben Sie diese Realität, um in Ihr Unterbewusstsein zu gelangen. Bei der Astralprojektion verlassen Sie jedoch diese Realität und begeben sich in einen anderen Bereich der Existenz, der genauso real ist - einen Bereich, in den Ihr physischer Körper nicht eintreten kann, den Ihre Seele aber nach Belieben besuchen kann. In einem Traum begegnen Sie Figuren, die weder real noch bewusst sind; Ihr Unterbewusstsein erschafft diese Figuren für Sie. In der Regel handelt es sich um Menschen, die Sie kennen und mit denen Sie vertraut sind. Bei der Astralprojektion oder -reise treffen Sie auf reale Wesen, deren Realität Sie sich bewusst sind. Die Wesen, denen Sie auf der Astralebene begegnen, sind entweder Menschen, die dort leben, oder solche, die zu Besuch sind, genau wie Sie. Die

Wahrscheinlichkeit, dass Sie dort Menschen zu treffen, die Sie bereits kennen, ist gering.

Luzides Träumen

Luzides Träumen ist, einfach ausgedrückt, der Zustand, bei dem man im Traum bei vollem Bewusstsein ist. Wenn Sie träumen und sich dessen bewusst sind, während Sie noch schlafen, so handelt es sich bei dieser Erfahrung um luzides Träumen. Wenn Sie in Ihrem Traum luzide (bei Bewusstsein) sind, können Sie die Figuren in Ihrem Traum steuern, aber das erfordert normalerweise etwas Übung. Im Zustand des luziden Träumens können Sie mit Ihrem Lieblingsprominenten abhängen, wandern gehen und sich vielleicht sogar in Ihr Haustier verwandeln. Es hängt alles davon ab, inwieweit Sie dazu bereit sind, Ihrer Fantasie freien Lauf zu lassen. Die Wesen, denen Sie in der Astralebene begegnen, können Sie dagegen nicht kontrollieren. Genau wie Sie sind sie eigenständige Wesen und haben einen freien Willen.

Aufgrund der Ähnlichkeiten zwischen den beiden Erfahrungen wird das luzide Träumen oft mit der Astralprojektion verwechselt. Es gibt jedoch einige Unterschiede zwischen den beiden Phänomenen. Der folgende Vergleich macht deutlich, wie unterschiedlich die beiden Erfahrungen sind.

Beim luziden Träumen:

- schlafen Sie.
- sind Sie sich bewusst, dass es sich um einen Traum handelt.
- können Sie Ihren Standort bestimmen, wie auch immer Sie wollen.
- verlässt Ihr Bewusstsein Ihren Körper nicht.
- können Sie die Charaktere und die Umgebung in Ihrem Traumerlebnis steuern.
- Wenn Sie mit dem Träumen fertig sind, müssen Sie einfach nur aufwachen.

Bei der Astralprojektion

- erwachen Sie und projizieren Ihr Bewusstsein.
- ist die Erfahrung real.
- beginnt die Erfahrung dort, wo sich Ihr physischer Körper

gerade befindet. Ihr Bewusstsein verlässt Ihren Körper, und der physische Körper wird leer.

- können Sie die Handlungen der Geister, denen Sie auf der Astralebene begegnen, nicht kontrollieren, aber Sie können die Umgebung gegebenenfalls ein wenig manipulieren.
- Ihr Bewusstsein kehrt erst nach der Erfahrung wieder in Ihren Körper zurück.

Eine Tatsache, die oft missverstanden wird, ist die, dass das luzide Träumen und die Astralprojektion zwei individuellen Praktiken entsprechen. Sie müssen nicht erst das luzide Träumen erlernen, bevor Sie Astralprojektion praktizieren können. Sobald Sie Ihre Fähigkeiten zur Astralprojektion erlernt und perfektioniert haben, können Sie sich einfach auf Ihre Couch legen und Ihr Bewusstsein aus Ihrem physischen Körper heraus projizieren, um die Astralebene zu besuchen. Das Erlernen dieser Fähigkeit ist eine Herausforderung, aber es ist nicht unmöglich. Die Übertragung Ihres Bewusstseins aus Ihrer physischen Form heraus kann so weit erlernt werden, dass Sie die Astralebene verlassen können, während Sie einen Film im Kino sehen oder mit Freunden in Ihrem Lieblingslokal zu Abend essen. Man kann jedoch plausibel erwarten, dass die Perfektionierung Ihrer Fähigkeiten beim luziden Träumen Ihnen dabei helfen kann, die Astralprojektion bis zu einem gewissen Punkt zu meistern.

Astralreisen im Schlaf

Die Seele übernimmt die Kontrolle über Ihren Körper, während Sie schlafen. Dadurch hat sie mehr Kontrolle über Ihre Fähigkeit, in andere Dimensionen zu gehen. Manche Menschen erleben dies als nächtliche Erscheinung, ohne es wirklich zu merken. Wenn Ihnen das passiert, wachen Sie am nächsten Tag auf und wissen nichts von den Wanderungen und Reisen Ihrer Seele. In solchen Fällen handelt es sich um das *unbewusste Astralreisen*. Wenn Sie aus einem Traum aufwachen, in dem Ihre Seele astral in andere Dimensionen gereist ist, haben Sie normalerweise eine verschwommene Erinnerung an das Erlebnis. Sie denken vielleicht sogar, dass die Reise nur ein „seltsamer" Traum war, denn Träume können oft seltsam sein. In anderen Fällen werden Sie sich wahrscheinlich nicht einmal daran erinnern können, dass Ihre Seele die ganze Nacht umhergewandert ist. Und es gibt Zeiten, in denen Sie mit einer lebhaften Erinnerung an einen Traum aufwachen, in dem Sie mit anderen zusammen waren und Dinge gemeinsam erlebt haben. In solchen Fällen fragen Sie sich wahrscheinlich, ob die Erfahrung ein Traum oder eine Astralreise war. Vielleicht fragen Sie sich gleichzeitig auch, wie Sie erkennen können, ob Ihre Seele im Schlaf astral gereist ist. Solange Ihr Bewusstsein Ihren physischen Körper verlassen hat, erleben Sie eine Astralreise. Wenn Sie sich des Traumzustandes bewusst sind, zählt das nicht als Astralprojektion, weil die Seele den physischen Körper nicht verlässt.

Woran erkennt man, dass man eine Astralreise im Traum erlebt hat?

Erstens erinnern Sie sich vielleicht lebhaft an den Traum und haben das Gefühl, dass er real war. Wenn Sie sich daran erinnern, Menschen getroffen zu haben, die Sie im wirklichen Leben nicht kennen, und mit ihnen gesprochen zu haben, ist Ihre Seele wahrscheinlich in die Astralwelt gereist, während Sie geschlafen haben. In solchen Fällen können Sie sich auch oft daran erinnern, dass Sie an unbekannte Orte gegangen sind. Ein weiteres Anzeichen für eine Astralprojektion im Traum, ist ein Erschöpfungsgefühl nach dem Aufwachen, so als hätten Sie die ganze Nacht damit verbracht, Besorgungen zu machen. Manchmal fühlt sich der Körper sehr unruhig an, wenn die wandernde Seele nach einer Nacht voller Abenteuer endlich wieder in ihn zurückkehrt. Dabei spielt es keine Rolle, ob man gut geschlafen hat oder nicht; man fühlt sich einfach ungewöhnlich müde. Wenn Sie sich an einen Traum erinnern, in dem Menschen nicht wie echte Menschen aussahen, kann das ein Hinweis darauf sein, dass Sie astral gereist sind. Manchmal erscheinen menschliche Wesen auf Ihren unbewussten Reisen nur verzerrt und unförmig. Sie können dabei zum Beispiel von einem blendenden Licht und verschiedenen Farben umgeben erscheinen, ohne eine menschliche Gestalt anzunehmen.

Wenn Sie die nötigen Methoden noch nicht erlernt und mit dem Üben begonnen haben, können Sie im Schlaf nicht bewusst Astralreisen. Wenn Sie von Astralprojektion träumen, bleibt es dabei immer noch ein Traum; es bedeutet nicht, dass Sie die Erfahrung tatsächlich machen. Aber wenn Sie gelernt haben, sich bewusst zu werden und im Traum astral zu reisen, werden Sie auch wissen, wann Ihre Seele Ihren Körper verlässt. Sie werden lernen festzustellen, wenn dies passiert, weil Sie aus Ihrem Schlaf geweckt werden. Sie werden feststellen, dass sich Ihr physischer Körper nicht mehr bewegen kann, und Sie werden spüren, wie die Seele aus Ihrem Körper entgleitet. Vielleicht spüren Sie dabei sogar ein starkes Kribbeln und hören ein Geräusch. Die Erfahrungen unterschieden sich von Mensch zu Mensch, aber das Ergebnis ist immer das gleiche. Sobald Sie sich in Ihrer Astralform befinden, können Sie die materielle Ebene bereisen oder sich über sie hinaus direkt in die Astralebene begeben. Bei der Astralprojektion können Sie tatsächliche Erfahrungen mit Ihrem Bewusstsein machen und sich lebhaft an alles erinnern, weil es wirklich passiert ist.

So erkennt man den Unterschied zwischen Traumreisen und Astralreisen.

Zweifelsohne können Sie in Ihren Träumen an verschiedene Orte reisen, ohne Ihren Körper zu verlassen. Nehmen wir an, Sie waren schon einmal im Urlaub in Los Angeles oder Hollywood. Sie waren in Hollywood, haben dort alle berühmten Orte besucht und sich sogar ein Autogramm von einigen Ihrer Lieblingsschauspieler ergattert. In Ihrem Traum steigen Sie dann vielleicht in ein Flugzeug und fliegen noch einmal nach Hollywood. Das liegt daran, dass Sie schon einmal an diesem Ort waren und es für Ihr Unterbewusstsein ein Leichtes ist, den gleichen Ort aus Ihren Erinnerungen wieder zum Vorschein zu bringen. Selbst wenn Sie noch nie dort waren, kann Ihr Verstand die Erinnerung aus den Filmen, die Sie schon einmal gesehen, und den Büchern, die Sie gelesen haben, wiederherstellen. In solchen Fällen handelt es sich bei der Erfahrung nicht um eine Astralreise. Stattdessen besucht Ihr Geist einen vertrauten Ort, den Sie im Wachzustand gesehen haben oder an dem Sie schon einmal waren.

- Bei Traumreisen fühlen sich die Erlebnisse nicht so lebendig an. Stattdessen wirken sie eher alltäglich und vergleichsweise vage.
- Sie reisen nur an Orte, an denen Sie schon einmal waren oder an die Sie Erinnerungen materieller oder immaterieller Art haben, wie z. B. Ihre alte Schule, Ihre Lieblingsurlaubsziele oder Ihre Universität.
- Sie sehen Menschen aus Ihrer Vergangenheit oder Gegenwart - Menschen, die Sie kennen. Beispielsweise sehen Sie Ihre junge Nachbarin von vor zehn Jahren, die noch genauso aussieht, wie zu der Zeit, zu der Sie sie kannten.
- Die Träume haben eine symbolische Bedeutung, die Sie nach dem Aufwachen analysieren und interpretieren können.
- Auf Traumreisen gehen Sie den zufälligsten und banalsten Aufgaben nach, wie beispielsweise dem Abwasch oder dem

Lesen eines Buches.
- Sie nehmen bei der Traumreise ein normales Transportmittel, wie etwa das eigene Auto oder den öffentlichen Bahnverkehr, um zu Ihrem Zielort zu gelangen.
- Sie kommunizieren mit den Personen in Ihrem Traum genauso wie in der physischen, bewussten Welt auch.

Können Träume auch Signale aus der Astralebene sein?

Einige Spiritualitätsexperten glauben, dass Träume Botschaften aus der Astralebene sind. Wenn Sie schlafen, entsteht eine Chance für die bewussten Wesen auf der Astralebene, die es ihnen ermöglicht, Sie vor bestimmten Handlungen oder Entscheidungen zu warnen, indem sie Ihnen verschlüsselte Botschaften durch Ihre Träume schicken. Wie die meisten Menschen vergessen Sie wahrscheinlich die meisten Ihrer Träume nach dem Aufwachen, aber es ist hilfreich, wenn Sie sich nach dem Aufwachen Notizen machen und sich an die Codes oder Symbole in Ihrem Traum erinnern. Anschließend versuchen Sie, diese Symbole zu analysieren. Normalerweise werden Träume durch das Unterbewusstsein und seine ausgefallenen Illusionen überfärbt, und es ist dabei von entscheidender Bedeutung, dass Sie die wahre Bedeutung Ihrer Träume entschlüsseln. Die Astralebene ist der Ort, an dem Sie Einblicke und Informationen zu Dingen erhalten können, die sich in der physischen Welt noch nicht manifestiert haben. Daher kann die Astralprojektion Ihnen dabei helfen, neue Anregungen für Ihr Handeln und Ihre zukünftigen Entscheidungen zu gewinnen.

Wie man mithilfe des luziden Träumens die Astralebene bereisen kann.

Das Beherrschen des luziden Träumens hat einen positiven Nebeneffekt. Es lehrt Sie, Ihren Geist zu wecken, während Ihr Körper schläft. Diese Fähigkeit ist unbedingt notwendig, falls Sie die bewusste Astralprojektion erreichen wollen. Um Ihre Seele von Ihrem physischen Körper zu trennen, müssen Sie lernen, wie Sie Ihr Bewusstsein von Ihrem Körper aus in seine astrale Form übertragen können. Das ist so ähnlich, als würde man seine Seele in einen Geisterkörper entsenden, aber es ist nicht ganz einfach. Wenn Sie es schaffen, Ihren Körper im Schlaf verharren zu lassen, während Ihr Geist wach und bei vollem Bewusstsein ist, haben Sie die bewusste Astralprojektion schon zur Hälfte erlernt. Daher ist es sehr ratsam, dass Sie zunächst lernen, das luzide Träumen zu praktizieren, bevor Sie mit der Astralprojektion beginnen.

Viertes Kapitel Vier: Die Vorteile der Astralprojektion

Ob Sie es nun Astralprojektion, Astralreise oder außerkörperliche Erfahrung nennen, das Verlassen des physischen Terrains, um die Welt aus einer anderen Perspektive zu betrachten, kann eine ganze Reihe von Vorteilen für Ihr körperliches, geistiges und spirituelles Wohlbefinden haben. Viele Menschen, die schonmal eine außerkörperliche Erfahrung gemacht haben, berichten, dass diese Erfahrung für sie sowohl aufregend als auch erhellend war. Die beschriebenen Vorteile von Astralreisen und AKEs gehen weit über die Einschränkungen der physischen Sinne und des Intellekts hinaus. Nach einer außerkörperlichen Erfahrung erwacht Ihr inneres Selbst – der Teil, der mit Ihrer spirituellen Identität verbunden ist. Sie werden sich daraufhin bewusst, dass Sie mehr als nur Materie sind, und nehmen die Realität genauso, wie sie ist, und sehr viel bewusster wahr. Viele Menschen haben beschrieben, wie sie in ihrem persönlichen Umgang mit anderen Menschen und bei ihren Erfahrungen eine tiefergehende und bedeutungsvollere Weisheit erlangt haben und ein Gefühl der Verbundenheit mit ihrem spirituellen Kern genießen konnten. Im Folgenden finden Sie einige der Vorteile, die die Praxis der AKEs für Sie haben kann:

1. Ein gesteigertes Realitätsbewusstsein

Die Astralprojektion erweitert Ihre Wahrnehmung der Realität. Wenn Sie die materielle Ebene noch nie zuvor verlassen haben, ist es leicht zu glauben, dass das Universum nur aus dieser Ebene besteht.

Daran glauben zum Beispiel viele Menschen, die noch nie eine außerkörperliche Erfahrung erlebt haben. Deren Wahrnehmung der Realität verbessert sich jedoch erheblich, nachdem sie eine solche Erfahrung zum ersten Mal gemacht haben. Das liegt daran, dass Sie auf der Astralebene anderen Wesen begegnen, von denen einige ein tieferes Verständnis des Lebens und des Universums haben als Sie selbst. Solange Sie sich ihnen nicht aufdrängen, sind die Wesen, denen Sie begegnen, stets dazu bereit, ihr Wissen mit Ihnen zu teilen.

2. Nachweis der Unsterblichkeit

Außerkörperliche Erfahrungen bieten Ihnen Beweise für Ihre eigene Unsterblichkeit. Natürlich wissen Sie bereits, dass Menschen sterben. Aber Sie wissen nicht, wie sich das Sterben anfühlt. Der Tod ist etwas, das Millionen von Menschen jedes Jahr erleben. Er bedeutet, dass die Seele den Körper für immer verlässt und nie wieder in ihn zurückkehrt. AKEs bieten Ihnen die gleiche Erfahrung wie der Tod, da Ihr Bewusstsein dabei vollständig aus Ihrem Körper entgleitet. Der Unterschied besteht aber darin, dass Ihre Seele in Ihren Körper zurückkehren kann, nachdem Sie mit dem Reisen auf der Astralebene fertig sind. Die bewusste Astralprojektion ist der Schlüssel, der es Ihnen ermöglicht, die Fähigkeit der Seele, unabhängig vom physischen Körper zu existieren, aus erster Hand zu erfahren.

3. Verlust der Furcht vor dem Tod

Ob sie es nun zugeben wollen, oder nicht, die meisten Menschen haben Angst vor dem Tod. Die Angst vor dem Tod scheint jedoch nicht mehr ganz so intensiv, wie sie es sonst ist, wenn man damit beginnt, die Astralebene zu bereisen. Dies ist in der Regel ein lebensveränderndes Ereignis für Menschen, die zum ersten Mal eine AKE erleben. Die Angst vor dem Tod rührt von der Angst vor dem Unbekannten her. *Wo gehen wir hin, wenn wir sterben? Was geschieht mit unserer Seele?* Das sind Fragen, auf die man Antworten findet, wenn man eine außerkörperliche Erfahrung macht. Wenn Sie die Astralebene besuchen, befinden Sie sich in einem psychosomatischen Zustand, das heißt, Sie existieren ab diesem Zeitpunkt außerhalb Ihres physischen Selbst. Das astrale Selbst wird im Gegensatz zu Ihrem physischen Selbst nicht durch Beschränkungen und Ängste gehemmt. Wenn Sie sich in Astralprojektion üben oder einfach nur eine außerkörperliche Erfahrung machen wollen, lernen Sie, dass Sie sich vor dem Tod nicht zu fürchten brauchen, da es noch andere Dinge jenseits des physischen Selbst gibt. Je mehr Sie die außerkörperlichen Erfahrungen und die

Astralprojektion üben, desto mehr nimmt Ihre Angst vor dem Tod ab.

4. Gesteigerter Respekt vor der Sterblichkeit

Menschen, die noch nie eine außerkörperliche Erfahrung gemacht haben, neigen zu der Annahme, dass die Entdeckung der unausweichlichen Realität des Todes sich negativ auf sie auswirken könnte, aber genau das Gegenteil ist üblicherweise der Fall. Anstatt die Wertschätzung für die Welt und das Leben, wie wir es kennen, abzustumpfen, steigert die Astralprojektion die Bewunderung und den Respekt für alles, was uns umgibt. Die Astralebene und die physische Ebene sind zwei Realitäten, die sich gegenseitig durchdringen. Und doch sind sie beide auf unterschiedliche Art und Weise verschieden. Die physische Welt hat bestimmte Merkmale, die sie besonders und einzigartig machen. Die Astralprojektion lehrt Sie, das Leben als Abenteuer zu betrachten, sobald Sie erkennen, dass Sie Ihre physische Form nicht ewig behalten können.

5. Beschleunigte Selbstentfaltung

Die beeindruckende Erfahrung aus erster Hand und die Erkenntnis darüber, dass Sie mehr als nur ein physisches Wesen sind, öffnet Schichten Ihres Bewusstseins, zu denen Sie sonst keinen Zugang haben. Dadurch gelangen Sie auf neue Ebenen der persönlichen Entwicklung. Wenn es etwas gibt, das Ihre persönliche Entwicklung beschleunigen kann, dann ist es die Astralprojektion. Mit einem besseren Bewusstsein für die Realität und einer erweiterten Sicht der sieben Ebenen beginnen Sie, die Welt aus einer neuen Perspektive zu betrachten. Und was noch wichtiger ist: Sie beginnen damit, diese neue Perspektive auf Ihre Gedanken, Handlungen, Entscheidungen und Lebenserfahrungen anzuwenden. Die Öffnung und das Erwachen Ihres Geistes fließt in Ihre physische Realität mit ein und bereitet Sie auf weitere Abenteuer in Ihrem Leben vor. Sobald Sie das enorme Wissen, das tief in Ihrem Unterbewusstsein schlummert, freisetzen, wächst Ihre Fähigkeit, das Universum auf allen Ebenen zu erforschen.

6. Verbesserte psychische Fähigkeiten

Außerkörperliche Erfahrungen verstärken Ihre telepathischen, präkognitiven, prophetischen und übersinnlichen Fähigkeiten erheblich. Jeder Mensch besitzt diese Fähigkeiten bis zu einem gewissen Grad. Aber das Vermögen sie zu kontrollieren wird deutlich gesteigert, wenn Sie eine geistig erwachte Verbindung zu Ihrem höheren Selbst haben. Höhere übersinnliche Fähigkeiten kommen zum Vorschein, wenn Sie mit Ihrem Energiefeld in Einklang sind. Wenn Sie Ihr aurisches Feld aufschließen und mit seinen Energieschichten eine harmonische Verbindung aufstellen, entwickeln sich Ihre übersinnlichen Fähigkeiten dadurch weiter. Einige Menschen haben davon berichtet, dass sie in der Lage waren, *aus der Ferne zu sehen*, nachdem sie mit der Astralprojektion begonnen hatten. Andere haben davon berichtet, dass sie verstorbene geliebte Menschen auf der Astralebene wiedergetroffen haben. Ganz egal worin Ihre übersinnlichen Fähigkeiten liegen, seien Sie sicher, dass sie sich nur verstärken werden, wenn Sie mit der Astralprojektion beginnen.

7. Ein erhöhter Bedarf an Antworten

Nach einer außerkörperlichen Erfahrung entwickeln viele Menschen den Wunsch, sich in der spirituellen Welt auf eine persönliche Suche nach der Lösung verschiedener Rätsel zu begeben, auf die sie schon immer neugierig waren. Sie erkennen dadurch, dass Geheimnisse nur dann Geheimnisse bleiben, wenn sie nicht nach den Antworten auf die Fragen suchen, die sie aufwerfen. Lösungen sind für diejenigen, die dazu bereit sind, sie zu suchen, leicht zugänglich.

8. Beschleunigte Entwicklung

Im Laufe der Jahre hat sich der Mensch weiterentwickelt. Diese Entwicklung ist jedoch nicht das Ergebnis biologischer Veränderungen, sondern ein Ausdruck der Entwicklung des Bewusstseins. Da die physische Welt immer komplexer wird, entwickelt der Mensch ein angeborenes Bedürfnis, den Grund für die raschen Veränderungen um uns herum herauszufinden. Daher führt das Bedürfnis der Menschen nach Antworten sie in jede fortgeschrittene Stufe der menschlichen Evolution. Schließlich werden sie sich bis zu dem Punkt entwickeln, an dem sie schließlich bereit sind, nicht-physische Bereiche und Dimensionen zu akzeptieren und zu erforschen.

9. Die Fähigkeit, den Körper und die Seele zu heilen

Der Schlaf bietet Ihnen eine Möglichkeit, sich und Ihren Körper zu erholen, Ihre Kraft zu regenerieren und sich zu heilen. Schlafmangel kann hingegen viele zerstörerische Auswirkungen auf Ihre geistige und körperliche Gesundheit haben. Wenn man zu lange nicht schläft, kann das sogar zum Tod führen, weil der Körper sich nicht wieder aufladen oder seine Heilungsfähigkeiten wiederherstellen kann. Da man im Astralzustand seine physische Form hinter sich lässt, ist er mit dem Schlaf durchaus vergleichbar. Daher bietet die Astralprojektion Ihrem

Körper eine ausgezeichnete Gelegenheit, um sich schneller und besser zu heilen. Da sich Ihr Energiefeld während der Astralprojektion in einem erhöhten Wachzustand befindet, dauert die Heilung im Astralzustand nur wenige Minuten lang. Im Schlaf kann die Heilung hingegen mehrere Stunden dauern. Darüber hinaus haben einige AKE-Praktizierende davon berichtet, dass sie in der Lage waren, sich selbst und andere Menschen im Astralzustand zu heilen. Oft mussten Sie Ihre Gedanken zu diesem Zweck auf den Teil Ihres Körpers richten, der geheilt werden sollte.

10. Verbesserte Energiebilanz

Während Sie meditieren, erhöht sich Ihr Bewusstseinszustand dramatisch, was zu einer gesteigerten Achtsamkeit führt. Auf dieselbe Weise stärkt die AKE-Praxis die Verbindung, die Sie mit Ihrem aurischen Feld haben. Das ist so, als würden Sie Ihren physischen Körper mit Hilfe von Übungen stärken. Das regelmäßige Üben der Astralprojektion bringt Ihr Energiesystem in einen Zustand des Gleichgewichts, das heißt, dass alle Ihre Energieschichten synchronisiert werden. Je mehr Sie üben, desto besser wird Ihr Energiegleichgewicht. Mit zunehmender Übung gelangen Sie an den Punkt, an dem Ihre Energiesysteme innerhalb Ihres aurischen Feldes vollständig kalibriert sind.

11. Einblicke in die Vergangenheit

Die Theorie, die besagt, dass das Universum parallel zu unserer Realität besteht und die Leben der Menschen parallel verlaufen, ist recht populär. Kurz gesagt gilt das Leben nicht als eine lineare Realität oder Existenz. Viele Menschen, die eine AKE hatten, berichten, dass sie in der Lage sind, ihre vergangenen Erfahrungen zu besuchen und Erinnerungen aus diesem Leben abzurufen, weil es einen Restenergiepunkt gibt, an dem sich alle Leben kreuzen. Wenn Sie die Astralebene besuchen, können Sie mit diesem Energiepunkt in Berührung kommen und die Ereignisse Ihrer vergangenen Leben direkt vor Ihren Augen ablaufen sehen - so als würden Sie einen Film sehen, in dem Sie die Hauptrolle spielen. Der einzige Unterschied ist dabei, dass Sie der Einzige sind, der zuschauen kann.

12. Gesteigerte Spiritualität

Astralprojektion vertieft Ihre Verbindung mit dem Spirituellen. Wenn Sie erst einmal erkannt haben, dass andere Dinge jenseits der materiellen Ebene existieren, ist es schwierig, sich von der Verbindung zwischen Ihnen und Ihrer spirituellen Essenz zu lösen. AKEs bieten Ihnen tiefere Einblicke in die Spiritualität und die Natur des Geistes. AKE ist eine spirituelle Erfahrung, weil sie Ihre Seele und Ihren Geist mit einbezieht. Sie haben dadurch das Gefühl, mit etwas verbunden zu sein, das viel mächtiger zu sein scheint als Sie selbst. Manche nennen es das Universum, andere nennen es das höhere Wesen in jedem Menschen. Wie auch immer Sie es nennen, Sie sollten wissen, dass Sie durch den Kontakt eine verlässlichere und stabilere Verbindung zur realen Existenz erwecken können.

13. Begegnungen mit Ihren Geistführern

Es gibt nicht-physische Wesen, die sich auf der Astralebene aufhalten. Die Astralprojektion bietet Ihnen eine Möglichkeit, diesen Wesenheiten, einschließlich Engeln und Geistern, zu begegnen. Sie können durch derartige Begegnungen Antworten auf Ihre angeborenen Wünsche erhalten und die Rätsel lösen, die Sie seit langem beschäftigen. Andernfalls kann die Rolle der Wesen auf der Astralebene auch darin bestehen, Ihnen als Führer zu dienen und Sie auf den richtigen Weg zu bringen. Unabhängig davon kann keines der Wesen, dem Sie auf der Astralebene begegnen, Ihnen wehtun und Ihnen Schaden zufügen, solange Sie Ihre Astralerscheinungsform und Ihr Energiefeld unter Kontrolle haben. Machen Sie sich also nicht zu viele Gedanken darüber, wie Sie in der Astralebene für Ihre persönliche Sicherheit sorgen können.

14. Ein tieferes Gefühl des Wissens

Es gibt nichts Stärkeres als das persönliche Wissen. Das Vermögen, etwas zu wissen, ist viel mächtiger als das Gefühl, etwas zu glauben. Im Vergleich zu Glaubenserklärungen kann persönliches Wissen tiefgreifende Veränderungen in Ihrem Leben bewirken. Es ist eine Sache zu glauben, dass Geistführer existieren, und eine ganz andere, zu wissen, dass sie tatsächlich existieren. Das Wissen gibt Ihnen ein Gefühl der Ruhe und Zuversicht, das sich einstellt, wenn Sie von einem Gefühl des Glaubens, zu einem der Gewissheit gekommen sind. AKEs geben Ihnen nachweisbares Wissen über Spiritualität und Unsterblichkeit. Daher ist das tiefe Gefühl des Wissens, das in einem erwachen kann, besser am eigenen Leibe zu erfahren, als durch Worte zu erklären.

15. Persönliche Antworten

Dies ist ein Grund, warum viele Menschen lernen wollen, wie man eine AKE herbeiführen kann. Sie wollen, wie viele Menschen, ihre

Fragen über Ihre eigene Existenz beantworten. Jeder Mensch hat Fragen zu seiner Existenz - Was *sind wir? Was ist der Zweck unserer Existenz? Welchen Sinn hat das Leben? Wird das Leben weiterhin so weitergehen, wie es momentan ist?* Dies alles sind Fragen, die nur durch eine persönliche außerkörperliche Erfahrung beantwortet werden können. AKEs bieten Ihnen eine effektive Möglichkeit, um Antworten auf alle Fragen zu erhalten, die Sie über das Leben und die Existenz haben. Es gibt keinen Grund, warum Sie sich mit Glaubensbekundungen zufriedengeben sollten, wenn Sie stattdessen explizite Antworten auf Ihre Fragen bekommen können.

16. Psychologische Freiheit

Wenn es Ihnen schwerfällt, sich von bestimmten mentalen Gewohnheiten und negativen Gedankenmustern zu lösen, können Ihnen außerkörperliche Erfahrungen effektiv helfen, dieses Ziel zu erreichen. Allein der Schock, der durch das Gefühl der Unabhängigkeit vom eigenen physischen Körper entsteht, und der Eindruck, dabei die Kontrolle und das Bewusstsein behalten zu können, reichen aus, um Ihnen eine erleuchtete Sicht auf Ihre gegenwärtige Existenz zu vermitteln. Die Erweiterung Ihres Verständnisses der eigenen Existenz kann dazu beitragen, dass Sie sich tiefere Ebenen des Selbstverständnisses und der persönlichen Entwicklung zugänglich machen.

Es gibt noch viele weitere Vorteile der Astralprojektion. Doch diese können Sie direkt erfahren, wenn Sie die spirituelle Welt außerhalb Ihrer physischen Form selbstständig erkunden. Oh, und wenn es einen Hauptvorteil der Astralprojektion gibt, den die meisten Menschen besonders schätzen, dann ist es die Tatsache, dass man sich durch Astralprojektion auf den Mond projizieren kann, wenn man es wünscht. Das ist doch erstaunlich, oder? Nun, Sie werden im weiteren Verlauf des Buches erfahren, wie man das genau macht.

Kapitel Fünf: Acht Dinge, die Sie wissen sollten, bevor Sie eine AKE anstreben

Falls Sie gedacht haben, dass Astralprojektion etwas ist, mit dem Sie nur zum Spaß herumspielen können, sollten Sie noch einmal genauer darüber nachdenken. Viele Menschen verbinden bestimmte Ängste mit der Vorstellung, die Astralebene, einen für sie relativ unbekannten Ort, zu bereisen und zu erkunden. Wenn auch Sie diese Ängste haben, sollten Sie sich darüber im Klaren sein, dass Ihre Ängste berechtigt sind. Deshalb müssen Sie wissen, was Sie erwartet, wenn Sie die Astralebene betreten. Dieses Kapitel soll Ihnen dabei helfen, die möglichen Gefahren zu verstehen, denen Sie in der Astralebene ausgesetzt sein könnten. Obwohl viele Menschen die Angst gerne als negative Emotion darstellen, gibt es meist einen Grund, dass sie existiert – nämlich um Sie zu schützen. Deshalb ist es nicht verkehrt, wenn Sie als Anfänger, der zum ersten Mal in die Astralebene reist, bestimmte Ängste haben.

Zunächst einmal sollten Sie verstehen, dass es Menschen gibt, die die Kunst der Astralprojektion und des Astralreisens perfektioniert haben. Diese Menschen können buchstäblich astral reisen, während sie auf ihrer Couch liegen oder das Badezimmer benutzen. Sie haben die Fähigkeit so weit gemeistert, dass sie keine Angst vor dem Besuch der Astralebenen mehr haben müssen. Sie sind jedoch noch nicht auf diesem fortgeschrittenen Niveau - auch wenn Sie es mit regelmäßiger

Übung eines Tages erreichen könnten. Der wichtige Punkt dabei ist der, dass Sie sich Gefahren gegenüber nicht als immun verstehen sollten und keinesfalls unvorbereitet eine Astralreise antreten dürfen. Auf der Astralebene kann alles Mögliche passieren; deshalb müssen Sie zunächst wissen, was Sie erwartet. Im Folgenden finden Sie zehn Dinge, die Sie über Astralprojektion und die Astralebene wissen sollten, bevor Sie eine außerkörperliche Erfahrung wagen.

1. Die Astralprojektion kann gefährlich sein

Wenn Sie sich fragen, ob Astralprojektion gefährlich sein kann, lautet die Antwort: Ja. Beachten Sie, dass das Schlüsselwort dabei „kann" ist, was bedeutet, dass diese Aktivität lediglich das Potenzial hat, gefährlich zu werden. Verschiedene Wesen und Entitäten besuchen die Astralebene regelmäßig. Nicht alle von ihnen sind dazu da, Sie zu führen oder Ihnen zu helfen; einige können Ihnen auch Ihre Aurenergie entziehen und Ihnen Schaden zufügen. Obwohl dies normalerweise nicht passiert, sollten Sie diese Gefahr nicht ausschließen. Aber wenn Sie wissen, wie Sie sich mit Ihren spirituellen Schwingungen abschirmen und schützen können, wird Ihnen nichts passieren. Natürlich können Sie die Angst davor nicht völlig vermeiden, besonders, wenn Sie die Astralebene zum ersten Mal besuchen, aber Sie können sie in Schach halten, damit sie nicht den hellen Farbton Ihrer aurischen Farben überschattet. Jeder, der über gute psychische Selbstverteidigungsfähigkeiten verfügt und seine Emotionen in Schach halten kann, kann sich sicher auf der Astralebene bewegen. Die Astralprojektion ist vergleichbar mit einer Reise in ein anderes Land, zum Beispiel in einem Flugzeug. Es ist normal, dass Sie ein Gefühl der Angst verspüren, wenn Sie zum ersten Mal in einem Flugzeug fliegen, aber die meisten Menschen schaffen es trotzdem, ihre Furcht in einem mäßigen Rahmen zu halten. Sie wissen, dass nichts passieren wird, solange Sie die Sicherheitsvorschriften für Flugreisende sorgfältig einhalten. Genauso verhält es sich mit der Astralprojektion und dem Astralreisen. Bereiten Sie sich richtig vor, um sich eine sichere Astralerfahrung zu ermöglichen, um selbst als Anfänger geschützt zu sein.

2. Astralreisen sind real

Manche Menschen beschäftigen sich hauptsächlich mit dem Thema Astralreisen, weil sie die Absicht haben die „Fakten zu überprüfen". Sie wollen also eigentlich nur wissen, ob Astralreisen wirklich real sind oder nicht. Menschen, die eine außerkörperliche Erfahrung machen, um zu prüfen, ob diese real sind, bereiten sich in der Regel nicht richtig auf die Reise vor. Wenn Sie sich zu einer solchen Handlung entscheiden, bringen Sie sich in Gefahr. Machen Sie sich nicht die Mühe, AKE zu versuchen, wenn Ihnen einfach nur langweilig ist. Viele Mainstream-Medien haben Astralprojektion und Astralreisen bereits als Schwindel abgetan. Das beruht meist auf der Behauptung, dass der Astralkörper nicht existiere, und selbst wenn er existiere, könne er die physische Welt nicht verlassen. Dies widerspreche schließlich eindeutig den Gesetzen der Physik. Wissenschaftler und Forscher glauben, dass Astralerfahrungen dem Geiste entsprungen sind – demnach sollen sie Halluzinationen, Träumen und Hirngespinsten oder Erinnerungen entspringen, die tief im Unterbewusstsein verankert sind.

Dennoch konnten viele kontrollierte Versuche zeigen, dass AKEs real sind und dass es Astralreisen tatsächlich gibt. Menschen, die bereits erfolgreich außerkörperliche Erfahrungen gemacht haben, haben beispielsweise erklärt, wie sich die Erfahrung angefühlt hat und wie die Welt um sie herum aussah. Es ist schwer möglich, das so viele verschiedene Menschen dieselben Dinge halluziniert haben und außerdem ähnliche Erfahrungen in der Astralwelt beschreiben. Also können wir bestätigen, dass Astralreisen *real* sind, und dass sie funktionieren.

3. Jeder kann das Astralreisen lernen

Aus irgendeinem Grund glauben viele Menschen, dass sie sich erst auf einer bestimmten spirituellen Ebene befinden müssen, bevor sie eine AKE haben können. Das ist aber falsch. Jeder kann die Astralebene besuchen und sogar lernen, dies regelmäßig zu tun. Der Sinn von Astralreisen liegt darin, Ihnen zu helfen und so die Verbindung zwischen Ihrem physischen Selbst und Ihrer spirituellen Essenz aufzudecken. Es spielt also keine Rolle, ob Sie bereits ein spiritueller Mensch sind oder ob Sie es mit dem Astralreisen gerade zum ersten Mal versuchen. Sicher ist es dabei, dass Sie sich die Techniken schnell oder allmählich aneignen können, je nachdem, wie engagiert Sie beim Üben sind. Das ist ganz normal. Wenn Sie sich engagieren, lernen Sie vielleicht in nur zwei Wochen, wie Sie Ihr Bewusstsein aus Ihrer physischen Form entsenden können. Andere Menschen brauchen vielleicht Monate oder sogar Jahre, bis sie endlich lernen, ihr Bewusstsein richtig aus ihrem Körper herauszuprojizieren. Das Wichtigste ist, dass Sie die richtige Einstellung haben, um die Astralprojektion zu erlernen. Auch wenn der Versuch nicht sofort klappt, glauben Sie weiter fest daran, dass Sie es eines Tages schaffen werden. Zweifel existieren nur, um Menschen daran zu hindern, ihr volles Potenzial zu entfalten. Wenn Sie sich von Zweifeln zurückhalten lassen, werden Sie nie entdecken, wie weit Sie wirklich gehen können. Mit Geduld und regelmäßiger AKE-Übungen werden Sie Ihr Ziel mit der Zeit erreichen.

4. Der Standort ist wichtig

Bevor Sie eine Astralreise unternehmen, sollten Sie sich an einem Ort befinden, an dem Sie sich sicher fühlen. Sie können Ihr Bewusstsein nur dann aus Ihrer physischen Form heraus astral projizieren, wenn Sie sich im Geiste entspannen und richtig konzentrieren können. Dazu müssen Sie sich an einem Ort befinden, an dem Sie sich sicher und geborgen fühlen. Das hilft gegen die Angst vor dem, was mit Ihrem physischen Körper passieren könnte, wenn Sie ihn verlassen. Wenn Sie zum ersten Mal eine Astralreise machen, ist es am besten, dies an einem Ort wie Ihrem Schlafzimmer zu tun - einem Ort, an den Sie zurückkehren können, um Ihren physischen Körper sicher ruhen zu sehen. Wenn Sie versuchen, an einem Ort zu projizieren, an dem Ihre Gefühle von Angst und Gefahr verstärkt sind, werden Sie hingegen nichts erreichen. Denken Sie daran, dass Astralreisen sowohl eine spirituelle Erfahrung als auch eine lehrreiche Erfahrung sind. Sie tun es, um etwas über die Dinge zu lernen, die man Ihnen an der Universität oder in Lehrbüchern nicht näherbringen kann. Deshalb ist es wichtig, dass Sie es richtig machen.

5. Astralreisen brauchen einen konkreten Zweck

Um die Astralebene zu bereisen, brauchen Sie einen bestimmten Grund, also einen Zweck oder ein Ziel für Ihre Reise. Was erhoffen Sie sich, durch das Astralreisen zu erreichen? Diese Frage sollten Sie aus vollem Herzen beantworten können. Wenn Sie diese Frage nicht beantworten können, sollten Sie sich nicht auf Astralreisen einlassen. Die meisten Menschen sagen, dass sie Astralreisen machen wollen, aber sie wissen nicht, warum sie das gerne tun möchten. Astralreisen dienen nicht als Besichtigungstour, sondern dem Lernen, der Suche nach Antworten, dem Finden und dem Erleben. Alles, was auf der Astralebene geschieht, hat einen tieferen Grund. Bei jedem Erlebnis auf der Astralebene lernt man etwas. Das Ziel von Astralreisen liegt darin, Ihnen dabei zu helfen, sich weiterzuentwickeln und in sich selbst zu wachsen und einen Zustand der Erleuchtung zu erreichen, der Ihnen sonst unmöglich zugänglich wäre. Tief in Ihrem Geist haben Sie ein höheres Bewusstsein mit viel Wissen über den wahren Grund Ihrer

Existenz. In Ihrer Kindheit sind Sie stärker mit diesem Bewusstsein verbunden, aber wenn Sie älter werden, verlieren Sie die Verbindung zu ihm. Astralreisen dienen als Schlüssel zu einer erneuten Verbindung mit dem Urbewusstsein.

In manchen Fällen geht es bei Astralreisen um Heilung. Sie können Astralreisen wählen, um die Art einer Krankheit herauszufinden, mit der Sie kämpfen, oder von der Sie sich selbst zu heilen versuchen. Das Wesentliche ist dabei, dass man Astralreisen nur dann ausprobieren sollte, wenn man etwas erreichen will, sei es zum Lernen oder, um sich zu Heilen.

6. Astralreisen sind anders als in Filmen beschrieben

Viele Filme haben sich mit dem Astralreisen beschäftigt, aber nicht viele von ihnen kommen der tatsächlichen Realität nahe. In dem Marvel-Superheldenfilm *„Doctor Strange"* nehmen die Protagonisten ständig ihre Astralformen an, um Verbrechen und deren Urheber zu bekämpfen. In anderen Filmen verirrt sich der Protagonist in der Astralebene und kann nie wieder in seinen Körper zurückkehren. Beides sind Dinge, die nur in Filmen möglich sind und nie in der tatsächlichen Praxis der Astralprojektion auftreten. Auf der Astralebene kehrt Ihre Seele automatisch in Ihren Körper zurück, wenn Sie überwältigende Emotionen wie Angst oder Aufregung erleben. Sie wachen automatisch in Ihrem Körper auf. Das ist die Art und Weise, wie Ihr Verstand Sie schützt, es spielt also keine Rolle, ob die Emotionen, die Sie erleben, positiv sind. Solange die Emotion überwältigend genug ist, kehren Sie in Ihre physische Form zurück. Deshalb ist es wichtig, dass Sie trainieren, wie Sie Ihre Emotionen während der Astralreise im Zaum halten. Seien Sie zuversichtlich, dass Sie nie für immer verloren gehen können, wie die Protagonisten in Film und Fernsehen.

7. Die Meditation ist der Schlüssel zur Astralprojektion

Wenn Sie als Anfänger eine reibungslose Astralreiseerfahrung machen wollen, ist die Meditation das richtige Mittel der Wahl. Es ist dabei nicht so, dass die Meditation ein Muss ist, aber sie hilft Ihnen sicherlich weiter. Es gibt keine zuverlässigere Möglichkeit, eine gute Erfahrung bei der Astralprojektion zu machen, als vor der Erfahrung zu meditieren. Die bewusste Astralprojektion unterscheidet sich vom luziden Träumen oder unbewussten Astralreisen in Ihren Träumen. Wenn Sie sich bewusst auf die Astralebene begeben, bedeutet das, dass

Sie etwas aus einer unabhängigen Wahrnehmung heraus als real erleben. Ihr Verstand kann dies normalerweise nicht erreichen, da er durch viele Dinge behindert wird. Meditation vor der Astralprojektion oder -reise ist der Schlüssel, den Sie brauchen, um den Geist von den Dingen zu befreien, die ihn festhalten. Die Meditation befreit von allen einschränkenden und unnötigen Gedanken. Wenn Sie zum Zwecke einer Astralreise meditieren, konzentriert sich Ihr Geist auf nichts anderes als auf die Erfahrung, die Sie gleich machen werden. Es kann sein, dass Sie den nötigen Fokus nicht gleich bei den ersten Versuchen erreichen - manchmal brauchen Sie vermutlich sogar Stunden und Wochen der Meditation, bevor Sie auch nur die grundlegendsten Dinge in der Astralreise erreichen können. Meditation ist auch dann entscheidend, wenn Sie Ihren Aufenthalt in der Astralebene verlängern möchten. Wenn Sie sich in Ihrer Astralform auf die Astralebene begeben, bleibt Ihr Geist mit Ihrem physischen Körper verbunden, was erklärt, warum Sie zurückgerissen werden können, wenn Sie einen Schwall von Emotionen erleben. Wenn Sie vor Ihrem Vorhaben meditieren, können Sie Ihren Geist beruhigen und sich angesichts der Gefahr entspannen. Daher kann Meditation Ihnen dabei helfen, Ihre außerkörperlichen Erfahrungen zu verlängern.

8. Ihr Astralkörper kann alles tun, was Ihr physischer Körper auch tut

Die Existenz in der Astralform hat keine Grenzen. Es hindert Sie dementsprechend auch nicht daran, bestimmte Dinge zu tun. Die Astralform gibt Ihnen sogar die Möglichkeit, andere Menschen auszuspionieren, ohne dass sie Sie sehen können. Wenn Sie sich nicht mit hellsichtigen oder hochintuitiven Menschen umgeben, werden die meisten Menschen Sie dabei wahrscheinlich weder sehen noch spüren. Das bedeutet jedoch nicht, dass es in Ordnung ist, wenn Sie die Privatsphäre anderer verletzen. Es kann jedoch schwierig sein, Dinge wie Spionage zu vermeiden, während man sich in seiner Astralform befindet. Der Zweck der Astralprojektion ist es, Sie zu erleuchten und zu bilden, und Ihr Astralkörper neigt normalerweise dazu, diesem Zweck treu bleiben zu wollen.

Wenn Sie Ihren Körper erstmal verlassen haben, ist die Astralebene nicht der einzige Ort, an den Sie gehen können. Stattdessen können Sie sich entscheiden, ob Sie auf der materiellen Ebene zu bleiben, wo Sie Ihre Liebsten beobachten, zum Haus Ihres besten Freundes zu fliegen oder einfach auf Ihrer Straße herumzuhängen. Sie können sich auch auf eine höhere Ebene begeben, wo Sie Ihre Geistführer oder Engel treffen und sich mit ihnen über die Existenz, die Realität und alles, was der Erweiterung Ihres Bewusstseins dient, zu unterhalten. Andere Bewusstseinsebenen stimmen vielleicht nicht ganz mit Ihren Schwingungsfrequenzen überein. Wenn Sie sich auf diese Ebenen begeben, setzen Sie sich selbst einem gewissen Risiko aus. Es wird nicht empfohlen, dass Sie dieses Risiko ohne einen mächtigen Geistführer eingehen.

Wenn Sie über achtzehn Jahre alt sind, könnte Sie auch das Kapitel interessieren, in dem es um Sex auf der Astralebene geht. Ja, auch das ist möglich. Seien Sie nur vorsichtig, wenn Sie sich entscheiden, mit wem Sie intim sein wollen.

Nun, da Sie alles wissen, was Sie wissen müssen, bevor Sie Ihre eigenen Astralreisen unternehmen, ist es an der Zeit, dass Sie sich auf die Astralprojektion vorbereiten.

Sechstes Kapitel: Die Vorbereitung auf die Astralprojektion

Die Reisen in die Astralebene mögen schwierig sein, aber sie sind nicht unmöglich. Viele Menschen tendieren nach mehreren erfolglosen Versuchen dazu schnell aufzugeben, eine außerkörperliche Erfahrung machen zu wollen. Eines der Hauptprobleme besteht dabei darin, dass nur sehr wenige Quellen detaillierte Angaben darüber enthalten, was man wirklich tun muss, um sich auf die Astralprojektion vorzubereiten. Daher kann sich der Versuch wie ein Kampf anfühlen, bei dem Sie viele Schwierigkeiten überwinden müssen. Eine Sache, die Ihnen das Leben schwer machen und Ihre AKE-Versuche scheitern lassen kann, ist die falsche mentale Vorbereitung. Wenn Sie Ihren Geist nicht richtig auf die Erfahrung vorbereiten, sind die Erfolgsaussichten insgesamt gering. Das Unterbewusstsein muss konditioniert werden, um es auf eine solche Erfahrung vorzubereiten. Noch wichtiger ist es, dass Sie Ihre Ängste, Befürchtungen und alles andere, was Ihren Geist möglicherweise belastet, loswerden. Während Sie sich mental auf die Erfahrung vorbereiten, müssen Sie sich genügend Zeit zum Üben nehmen, bevor Sie einen ernsthaften Versuch unternehmen. Natürlich ist es völlig in Ordnung, wenn Sie es nicht gleich beim ersten, zweiten oder dritten Versuch schaffen. Die Idee ist, dass Sie so lange üben, bis sich die Astralwelt für Sie öffnet.

Das Wichtigste, was Sie tun sollten, um sich auf Astralreisen vorzubereiten, ist, jegliche Angst vor dieser Erfahrung zu überwinden. Vielleicht haben Sie Angst, dass Sie auf Ihrer Reise in die Astralebene in Gefahr geraten könnten - das ist in Ordnung. Der Schlüssel liegt darin, dass Sie sich nicht von dieser Angst überwältigen lassen, sodass sie keinen lähmenden Punkt erreicht. Manche Leute sagen Ihnen vielleicht, dass Sie die Angst völlig loswerden müssen, bevor Sie astralreisen können - das ist unmöglich, besonders wenn Sie die Erfahrung zum ersten Mal machen und wenn Sie Angst vor der Erfahrung haben. Sie werden zwangsläufig Angst haben. Allerdings sollte die Angst nicht so groß sein, dass Sie sich von ihr überwältigen lassen. Sie können Ihre Angst ganz einfach abbauen, indem Sie Ihr Wissen über die Astralprojektion erweitern und sich mit einigen wesentlichen Dingen vertraut machen, die für jeden, der eine Astralreise machen möchte, zum Grundwissen gehören sollten.

Nehmen Sie sich während des Studiums und der Vertiefung Ihrer Kenntnisse täglich etwas Zeit, um positive Affirmationen, Visualisierung, Hypnose und andere Vorbereitungsmöglichkeiten zu üben.

Positive Affirmationen

Affirmationen sind mächtige und wirksame Werkzeuge, die den Geist konditionieren oder rekonditionieren können. Sie sollten ein fester Bestandteil Ihrer täglichen Aktivitäten sein, wenn Sie sich auf eine Astralprojektion vorbereiten. Affirmationen können Ihnen auch dabei helfen, dass Sie Ihre Angst viel schneller überwinden. Im Folgenden stehen einige der positiven Affirmationen, die Sie verwenden können:

„Ich habe keine Angst. Die Angst hat keine Macht über mich."

„Ich werde die Astralebene besuchen."

„Mein Bewusstsein wird meinen Körper verlassen und seine Astralform annehmen."

„Ich werde eine außerkörperliche Erfahrung machen."

Welche Formulierung Sie auch wählen, achten Sie stets darauf, dass sie positiv und zielgerichtet ist. Sagen Sie deutlich, was Sie tun werden, nicht, was Sie tun wollen. Vermeiden Sie also zum Beispiel Sätze wie: „Ich möchte eine Astralreise machen." Sagen Sie stattdessen: „Ich werde mich astral projizieren." Der Zweck positiver Affirmationen ist es, Ihren Wunsch und Ihr Ziel in Ihrem Unterbewusstsein zu verstärken. Je mehr Sie üben, desto bereitwilliger wird Ihr Geist sein. Achten Sie darauf, keine negativ besetzten Formulierungen zu verwenden, vor allem nicht solche, die mit Angst oder Furcht verbunden sind. Ihr Verstand kann nicht zwischen positiven und negativen Affirmationen unterscheiden; er kann nur das verstärken, was Sie ihm sagen. Verwenden Sie positive Affirmationen beim täglichen Üben. Verwenden Sie sie nicht nur dann, wenn Sie versuchen, etwas zu projizieren. Machen Sie sie sich zur Gewohnheit. Verwenden Sie sie jeden Abend vor und nach dem Schlafengehen. Zu dieser Zeit sind Sie Ihrem Unterbewusstsein am nächsten. Erinnern Sie sich jedes Mal, wenn Sie üben, an den Grund für Ihre Astralprojektion.

Visualisierung

Die Visualisierung bietet Ihnen eine weitere Möglichkeit, sich auf das Astralreisen vorzubereiten. Dennoch scheinen die meisten Menschen ihre Bedeutung zu übersehen. Die Entscheidung, Visualisierung zu üben, um sich auf die Astralebene vorzubereiten, sollte keine Option sein; es sollte sich um einen zentralen Bestandteil Ihrer Versuche handeln, ob Sie nun erfolgreich enden, oder nicht. Glücklicherweise ist die Visualisierung etwas, das Sie mehrmals am Tag auf unterschiedliche Weise üben können - und je mehr Sie üben, desto größer sind Ihre Erfolgschancen. Wenn Sie zu den Menschen gehören, die regelmäßig Achtsamkeitsübungen praktizieren, sollte es Ihnen leichtfallen. Bei der Visualisierungspraxis stellen Sie sich Dinge vor. In Ihrem Fall könnte es beispielsweise die Vorstellung sein, dass Sie fliegen oder schweben - denn das ist das Gefühl, das Menschen, die schonmal eine AKE hatten, normalerweise beschreiben. Stellen Sie sich also vor, dass Sie fliegen oder schweben, und fügen Sie so viele Details wie möglich zu dieser Vorstellung hinzu, da dies sehr wichtig ist.

Wenn Sie fliegen:

Entscheiden Sie sich, wie schnell Sie fliegen - fliegen Sie mit der Geschwindigkeit eines Vogels oder eines Flugzeugs? Wohin fliegen Sie? Was können Sie während des Fluges um sich herum sehen? Ist es Tag oder Nacht? Gibt es Vögel, die mit Ihnen gemeinsam am Himmel entlang fliegen? Gibt es irgendwelche Geräusche oder Gerüche, die Ihnen auffallen? Fühlt sich der Wind auf Ihrem Gesicht warm oder kühl an? Weht die Luft durch Ihr Haar - wenn ja, wie fühlt sich das an?

Dies sind die Details, die Sie mit in Ihre Vorstellung aufnehmen sollten. Seien Sie auf keinen Fall vage, wenn Sie sich etwas vorstellen;

fügen Sie jedes kleine oder große Detail hinzu, das Ihnen in den Sinn kommt. Wie auch immer Sie sich entscheiden, tauchen Sie vollständig in Ihre Vorstellung ein.

Eine weitere Möglichkeit der Visualisierung besteht darin, dass Sie sich astrale Empfindungen vorstellen. Schließen Sie Ihre Augen und stellen Sie sich vor, wie Sie sich selbst berühren - stellen Sie sich aber bitte nichts Sexuelles vor, da dies Ihre Projektionsversuche beeinträchtigen könnte.

Stellen Sie sich vor, dass Sie mit Ihren Händen in kreisenden Bewegungen über Ihren Arm, Ihre Schulter oder Ihr Knie streichen. Die vorgestellten Bewegungen sollten dabei sehr sanft sein.

Wenn nötig, können Sie sich selbst berühren, damit sich die Vorstellung real anfühlt. Konzentrieren Sie sich darauf, wie sich Ihre Hand an Ihrem Arm oder Knie anfühlt. Konzentrieren Sie sich gleichzeitig darauf, wie sich Ihr Knie an Ihrer Hand anfühlt.

Konzentrieren Sie sich auf die Empfindungen und nutzen Sie Ihren Verstand, um sie nachzubilden. Vielleicht gelingt Ihnen dies nicht sofort, aber Sie werden es schließlich schaffen, solange Sie konzentriert bleiben. Je mehr Sie sich konzentrieren, desto einfacher und effektiver wird es.

Sie können sich auch konkrete Orte vorstellen, an denen Sie noch nie waren. Das kann die Landschaft auf Ihrem Windows-Desktop sein, ein Bild oder die Kunst, die bei Ihnen an der Wand hängt. Schauen Sie sich das Bild genau an. Sehen Sie sich alle Details an, auch die kleinsten. Nehmen Sie die Farben, die Schatten, die Texturen - einfach alles - auf. Prägen Sie sich das Bild oder Gemälde sorgfältig ein. Gehen Sie dann von dem Objekt weg und versuchen Sie, sich an alles zu erinnern, was Sie sich gemerkt haben. Wenn Sie dies jeden Tag tun, werden Sie bald in der Lage sein, mit dieser Methode eine Projektion zu erreichen. Betrachten Sie sie jedoch hauptsächlich als Methode, um Ihren Geist zu konditionieren und ihn auf eine Projektion vorzubereiten.

Hypnose und unterschwellige Suggestionen

Die Hypnose bietet Ihnen eine weitere unglaublich effektive Möglichkeit, um Ihren Geist auf Astralprojektionen und außerkörperliche Erfahrungen vorzubereiten. Seien Sie nicht überrascht, wenn die Hypnose für Sie effektiver ist als alle zuvor erklärten Verfahrensweisen. Das liegt nämlich daran, dass die Hypnose Ihnen die Möglichkeit bietet, tief in Ihr Unterbewusstsein einzudringen und es auf die Erfahrung vorzubereiten. Positive Affirmationen und Visualisierung sind beides Mittel, um Ihren Verstand davon abzuhalten, sich von Angst und anderen Emotionen überwältigen zu lassen. Sie wollen schließlich nicht, dass die Angst und der Zweifel Ihren Verstand lähmen und Sie scheitern lassen, bevor Sie es überhaupt richtig versucht haben. Hypnose und unterschwellige Suggestion sind effektiver, weil Sie bei der Hypnose auch einige der anderen Methoden anwenden können. Allerdings brauchen Sie einen ausgebildeten Hypnosetherapeuten, wenn Sie diese Methode anwenden wollen.

Tipps für die richtige Vorbereitung

Zusätzlich zu den zur AKE genannten Methoden müssen Sie noch eine weitere Sache tun, um sich auf Astralreisen vorzubereiten. Wenn Sie sich entschließen, eine AKE-Sitzung zu beginnen und eine Projektion zu versuchen, müssen Sie wissen, wie Sie sich vorbereiten können. Im Folgenden finden Sie fünf Tipps, die Ihnen Aufschluss darüber geben, was Sie unmittelbar vor einer Projektion tun sollten.

1. *BNS - Bitte nicht stören*

Genauso wie Sie beim Meditieren nicht gestört werden möchten, dürfen Sie auch bei der Astralprojektion nicht gestört werden. Suchen Sie sich also einen ruhigen Raum, in dem Sie Ihre Sitzung durchführen können, ohne von Ihrem Partner, Kindern, Haustieren oder anderen Dingen gestört zu werden. Wenn Sie das nicht tun, können Ihre Versuche schnell durch Ablenkung zunichte gemacht werden. Sie könnten zum Beispiel das Gefühl haben, es endlich richtig zu machen, und dann unterbricht Sie plötzlich ein Anruf und ruiniert den Moment. Halten Sie Ihr Mobiltelefon und Ihre Mediengeräte von dem Raum fern, in dem Sie üben wollen. Wenn Sie das Gefühl haben, dass Sie Störungen nicht vermeiden können, üben Sie am besten zu einer Zeit, zu der alle anderen Menschen schon schlafen. Sie können zum Beispiel sehr früh am Morgen oder nachts üben, wenn alle im Bett sind. Ihr Zeitplan bestimmt dabei, welche Zeit Sie wählen. Achten Sie nur darauf, dass es eine Stunde ist, in der Sie „Zeit für sich" haben.

2. *Machen Sie es sich bequem*

Entspannen Sie Ihren Geist. Machen Sie es sich bequem. Wenden Sie einige der zum Thema AKEs genannten Methoden an, um Ihren Geist zu beruhigen und ihn auf die Reise vorzubereiten. Sie können sich in Ihr Bett oder auf die Couch legen. Das ist ganz Ihnen überlassen.

Achten Sie nur darauf, dass Ihre Haltung so ist, dass Sie so lange wie nötig unbewegt bleiben können. Tragen Sie außerdem leichte Kleidung. Wenn Sie möchten, können Sie auch nackt üben. Wenn Sie lieber im Bett liegen möchten, legen Sie eine leichte Decke über sich oder legen Sie sich ohne Zudecke hin, je nach Wetterlage. Wenn Sie lieber sitzen möchten, verwenden Sie am besten einen Liegestuhl, damit Sie es während der gesamten Sitzung bequem haben.

3. *Setzen Sie sich keine Zeitlimits*

Das Zeitbewusstsein kann Ihre Erfahrung ruinieren. Sehen Sie die Astralprojektion also nicht als etwas an, das Sie innerhalb eines bestimmten Zeitraums durchführen müssen, sondern streichen Sie die zeitlichen Grenzen aus Ihrem Gedächtnis. Sehen Sie die Erfahrung nicht als Wettlauf an, denn das entspricht nicht der Realität. Befreien Sie Ihren Geist. Nehmen Sie sich so viel Zeit, wie Sie brauchen. Das Festlegen eines Zeitlimits gehört zu den Dingen, die Ihren Geist hemmen können, genau wie die Angst. Beseitigen Sie alle zeitlichen Bedenken und konzentrieren Sie sich auf die Erfahrung.

4. *Wählen Sie das richtige* **Timing**

Das Timing ist ein entscheidender Faktor für den Erfolg. Überlegen Sie sich genau, wann Sie üben wollen. Die Nacht mag Ihnen zwar ideal erscheinen - da alle anderen zu dieser Zeit schlafen -, aber Müdigkeit und Stress können ein Problem darstellen, vor allem, wenn Sie den ganzen Tag gearbeitet haben. Für viele Menschen ist der Morgen besser; tatsächlich erhöht das Üben direkt nach dem Aufwachen Ihre Erfolgschancen um ein Vielfaches. Versuche in der Nacht sind üblicherweise schwieriger. Es ist also besser, die Übungsversuche am Morgen zu unternehmen.

5. *Seien Sie*

Ja, Sie sollten einfach nur sein. Sobald Sie Ihren Geist und Körper entspannt haben, verharren Sie einfach. Kümmern Sie sich um nichts. Seien Sie, und erlauben Sie Ihrem Geist, sich Bilder und alles andere, was ihm in den Sinn kommt, vor Augen zu rufen, bis sie verblassen und sich auflösen. Schließlich wird sich Ihr Geist beruhigen, und Sie werden dazu bereit sein, Ihr Bewusstsein zu projizieren. Bevor Sie jedoch mit der Projektion beginnen, sollten Sie eine Meditationsübung durchführen, um sich in den richtigen Geisteszustand zu versetzen.

Wenn Sie die Vorbereitungsphase erfolgreich hinter sich gebracht haben, sind Sie der außerkörperlichen Erfahrung und dem Besuch der

Astralebene schon einen Schritt nähergekommen. Alles, was Sie jetzt tun müssen, ist zu versuchen, etwas zu projizieren.

Hinweis: Bevor Sie eine Projektion durchführen, sollten Sie sich mit Tipps zum Schutz der Astralebene vertraut machen. Die Astralebene ist eine unbekannte Dimension; sie unterscheidet sich von der physischen Ebene. Sie werden dort auf sehr seltsame Dinge stoßen, aber das sollte Sie nicht beunruhigen. Sie sollten sich ausreichend schützen, bevor Sie diesen Ort aufsuchen. Einige der besten Möglichkeiten, sich zu schützen, bestehen im Tragen eines Schutzamuletts oder im Anrufen eines Geistführer, der sich um Ihr Wohl kümmern kann. Mehr darüber wird später ausführlicher erklärt.

Kapitel Sieben:
Fünf grundlegende Astralprojektionsmethoden

Die Projektion in die Astralebene ist nicht dasselbe wie das tägliche Einschlafen, auch wenn man die Projektion im Schlafzustand erreichen kann. Schlafen ist einfach. Ein langer Arbeitstag kann Ihnen als Grundlage für einen guten, gesunden Schlaf dienen. Für eine Astralreise braucht man jedoch mehr als nur Müdigkeit. Tatsächlich werden Müdigkeit und Erschöpfung Ihren Versuch eher zum Scheitern bringen als Ihnen zum Erfolg verhelfen. Um astral zu reisen, müssen Sie sich in einen Zustand versetzen, in dem Ihr Körper schläft, während Ihr Geist wach und aufmerksam bleibt. Dann müssen Sie Ihr Bewusstsein in ein Astralfahrzeug (auch Astralkörper genannt) übertragen. Alles andere, was bei der Astralprojektion oder -reise passiert, ist erst möglich, wenn Sie die außerkörperliche Ebene erfolgreich erreicht haben. Obwohl es einige grundlegende Unterschiede gibt, ist das Träumen eine Form der Astralprojektion - eine unbewusste Form. Die Seele verlässt manchmal den Körper, während man schläft. Aber Sie merken dies nicht, also können Sie es auch nicht kontrollieren, oder bewusst entscheiden, was sie tun wollen, wenn die Seele den Körper verlässt. Stattdessen hat in diesem Fall Ihr Unterbewusstsein das Sagen. Der entscheidende Unterschied zwischen dem normalen Schlaf und der Astralprojektion besteht darin, dass Sie bei der Astralprojektion die Kontrolle über Ihre Seele haben. Mit anderen Worten: Sie können bewusst bestimmen, wohin Ihre Seele geht, und Sie sind sich dieser Erfahrung bewusst. Die bewusste Astralprojektion ist das, was Ihnen wirklich nützt. Was sind also einige der besten Methoden, die Ihnen dabei helfen können, das wahre Astralreisen schnell zu erreichen?

Zunächst sollten Sie wissen, dass Ihr Erfolg schnell eintreten kann. Sie können die Astralprojektion in nur vierzehn Tagen erlernen. Alles hängt dabei von Ihnen ab. Es gibt sicherlich Tipps und Methoden, die Ihnen helfen können, aber Ihr persönliches Engagement macht den entscheidenden Unterschied. Nehmen Sie Astralreisen überhaupt ernst? Sind Sie in der Lage, Ihren Geist zu beruhigen und Ihre Ängste vor der Erfahrung abzubauen? All das sind Dinge, die sich auf Ihren Erfolg auswirken werden. Wenn Sie die Tipps in diesem Buch befolgen, von den ganz einfachen bis hin zu den Tipps für Fortgeschrittene, werden Sie regelmäßig Astralreisen unternehmen. Es hängt also wirklich alles von Ihnen ab.

Sie sollten auch wissen, dass es eine Vielzahl von Techniken gibt, mit denen Sie Ihr Bewusstsein aus Ihrem Körper treiben können. Jeder Mensch ist einzigartig. Eine AKE-Technik, die für jemand anderen funktioniert, funktioniert vielleicht nicht für Sie. Deshalb gibt es hier mehr als fünf verschiedene Methoden, die Ihnen zur Hilfe zur Auswahl stehen. Wenn Sie eine Methode eine Zeit lang ausprobiert haben, dadurch aber nicht erfolgreich waren, gehen Sie einfach zur nächsten über. Probieren Sie die Verfahrensweisen so lange aus, bis Sie eine finden, die für Sie perfekt funktioniert. In bestimmten Fällen müssen manche Menschen nur eine Methode ausprobieren, und erreichen schon beim ersten Versuch das gewünschte Ziel – dadurch lernen Sie schnell, was für Sie perfekt funktioniert. Bestimmte Methoden sind anderen überlegen, so dass die folgenden Herangehensweisen mit zu den erfolgsversprechendsten gehören, die bei den meisten Menschen gut funktionieren.

Seiltechnik

Wenn Sie schonmal versucht haben, etwas über Astralprojektion zu lernen, haben Sie vielleicht bereits von dieser Methode gehört, da sie sehr beliebt ist. Die Seilmethode ist eine der effektivsten Astralprojektionsstrategien. Sie wurde von Robert Bruce eingeführt und beinhaltet die Visualisierung eines imaginären Seils, das vom Himmel, von der Decke oder einer anderen Oberfläche über Ihnen herabhängt. Mit Hilfe dieses Seils können Sie dann Ihren Astralkörper aus dem physischen Körper herausbewegen, indem Sie auf einen einzigen Teil des Körpers Druck ausüben. Bevor Sie mit der Astralprojektion beginnen, vergessen Sie nicht, dass Sie sich mental auf die Erfahrung vorbereiten müssen. Am besten ist es, diese Methode im Liegen auszuprobieren.

- *Entspannen Sie Ihren Körper und Geist.* Befreien Sie Ihren Geist von allen Sorgen und etwaigem Stress. Legen Sie sich in einer bequemen Position hin. Versuchen Sie, Ihre Muskeln einige Sekunden lang anzuspannen und danach die Spannung wieder loszulassen, um sie von jeglichen Verspannungen zu befreien. Sobald Sie ruhig und entspannt sind, können Sie fortfahren.

- *Helfen Sie Ihrem Körper in den Schlaf.* Erlauben Sie Ihrem Körper, sich wie betäubt anzufühlen und entspannen Sie sich so tief wie möglich, aber nicht so weit, dass Sie das Bewusstsein verlieren. Versuchen Sie nicht, wach zu bleiben, sondern lassen Sie Ihren Körper einschlafen, indem Sie ihn in einen Schlafzustand versetzen. Am einfachsten erreichen Sie dies, wenn Sie sich auf das Bett oder die Couch zu legen, die Augen schließen und sich von Ihren Gedanken treiben lassen. Wenn Sie anfangen, Ihre körperlichen Empfindungen zu verlieren, bedeutet das, dass Ihr Körper langsam in den Schlaf gleitet.

- *Hinlegen.* Nichts tun. Wenn Sie denken, dass das nicht schwer zu machen ist, haben Sie teilweise recht. Dieser Teil der Übung sollte sich so anfühlen, als würde nichts passieren. Bleiben Sie einfach ruhig liegen und bewegen Sie keinen Teil Ihres Körpers. Um das Gefühl des Beinahe-Schlafs zu verstärken, konzentrieren Sie sich auf die Dunkelheit vor Ihren geschlossenen Augen; Sie können in diesem Zustand einige seltsame Dinge erleben. Machen Sie sich keine Sorgen - Ihr Blickfeld wird sich ausdehnen. Es mag sich seltsam anfühlen, aber Sie werden das Gefühl mögen. Sie werden vielleicht auch einige Geräusche und Lichtmuster wahrnehmen. Ignorieren Sie diese, denn sie werden mit der Zeit wieder verschwinden. An diesem Punkt sollten Sie das Gefühl haben, zu schweben oder zu fallen, ohne etwas zu fühlen oder zu spüren. Verharren Sie in diesem Zustand, um das Gefühl aufrecht zu erhalten.

- *Der Schwingungszustand.* Dies ist ein Zustand, den Sie einnehmen, wenn Sie Ihren Körper in einen Schlafzustand versetzt haben. Es fühlt sich zwar nicht gerade wie Vibrationen an, aber es ist etwas, dass Sie erleben werden. Es fühlt sich an, als wären Sie schwerelos, als würden Sie schweben. Indem Sie Ihre Willenskraft verstärken, können Sie auch das Gefühl und die Empfindung verstärken - Sie können es aber genauso gut auch verringern. Dieses Gefühl lässt sich nicht genau beschreiben. Warten Sie, bis Sie es erlebt haben.

  Das Erreichen des Schwingungszustandes ist ein Meilenstein. Wenn Sie ihn beim ersten Versuch erreichen können, wissen Sie, dass Sie etwas richtig machen, denn nicht viele Menschen sind sofort erfolgreich. Denken Sie daran, dass Sie den Schwingungszustand eine Zeit lang beibehalten sollten, bevor Sie weitermachen.

  Der Zustand bietet Ihnen eine hervorragende Möglichkeit, um tief in Ihrem Geist zu forschen und gegebenenfalls sogar eine Visualisierungsmethode zu verwenden, um sich zu informieren und eine tiefere Introspektion anzunehmen.

- *Stellen Sie sich das Seil vor.* Stellen Sie sich ein Seil vor, das von der Oberfläche über Ihnen herabhängt und dessen Spitze einige Zentimeter von Ihrem Gesicht entfernt baumelt. Konzentrieren Sie sich auf diese Vorstellung, rufen Sie sich so viele Details wie möglich ins Gedächtnis. Stellen Sie sich die Beschaffenheit, das Gewicht und die Bewegung des Seils vor. Fühlt es sich rau oder glatt an? Ist es leicht oder schwer? Ist es still oder wiegt es sich im Wind?

- *Berühren Sie das Seil.* Wenn Sie sich das Seil erfolgreich vorgestellt haben und es klar sehen können, stellen Sie sich als Nächstes vor, wie Sie es ergreifen. Wenn Sie es zum ersten Mal tun, ergreifen Sie einfach das Seil - tun Sie nichts anderes. Sie sollten in der Lage sein, die Rauheit oder Glätte des Seils auf Ihrer visualisierten Hand zu spüren. Versuchen Sie dann, auch die zweite Hand zum Seil zu bewegen. Auf diese Weise versuchen Sie, sich langsam von Ihrer physischen Form zu trennen.

Stellen Sie sich nun vor, dass Ihre zweite Hand nach oben greift und das Seil ganz fest umklammert. Bleiben Sie ein paar Sekunden in dieser

Position. Dann benutzen Sie Ihre Willenskraft und stellen sich vor, wie Sie Ihren Körper nach oben und aus Ihrem physischen Körper herausziehen. Das mag schwierig klingen, aber es wird Ihnen überraschend leichtfallen, wenn Sie mit der eigentlichen Übung beginnen.

Wenn Sie es schaffen, Ihren Astralkörper aus Ihrer physischen Form herauszuziehen, dann waren Sie erfolgreich. Sobald Sie Ihren Körper verlassen haben, können Sie anfangen zu schweben, um die volle Erfahrung der Astralreise zu genießen. Wenn Sie beim Üben einschlafen, machen Sie sich keine Vorwürfe - versuchen Sie es einfach am nächsten Tag noch einmal. Lassen Sie nicht zu, dass Sie nach einer ersten erfolglosen Erfahrung aufgeben.

AKE durch luzides Träumen

Bei dieser Methode geht es um den Übergang vom luziden Träumen zu einer außerkörperlichen Erfahrung. Wie Sie bereits wissen, handelt es sich bei luziden Träumen um die Art von Traum, bei der Sie bei vollem Bewusstsein träumen und sich des Erlebnisses vollständig bewusst sind - und Sie behalten dabei auch die Kontrolle über Ihren Traum. Luzides Träumen und Astralprojektion sind zwei verschiedene Dinge, aber luzides Träumen kann als Hilfsmittel für die Astralprojektion verwendet werden. Um zu lernen, wie Sie vom luziden Träumen zur Astralprojektion übergehen können, müssen Sie zunächst wissen, wie Sie während des Träumens einen luziden Zustand erreichen können. Wenn Sie in einen Zustand des luziden Träumens eintreten, verlässt Ihr Bewusstsein Ihren Körper und begibt sich an einen Ort, der von Ihrem Unterbewusstsein erdacht wurde. Nun müssen Sie einen Zustand des luziden Träumens herbeiführen und dann Ihr Bewusstsein von diesem imaginären Ort in Ihr Schlafzimmer transferieren.

- *Denken Sie an AKEs.* Lesen Sie mehr zum Thema AKEs. Lassen Sie sich den Gedanken an eine außerkörperliche Erfahrung den ganzen Tag über durch Ihren Kopf gehen. Das Ziel ist es dabei, Ihren Geist mit Gedanken an AKEs zu erfüllen. Diese Technik wird am besten nachts geübt, denken Sie also tagsüber an AKEs.
- *Verwenden Sie positive Affirmationen*, um Ihren Geist zu aktivieren, damit er später einen Zustand des luziden Träumens herbeiführen kann. Sagen Sie tagsüber Dinge wie: „Ich werde

einen luziden Traum haben und die Astralebene besuchen." Erinnern Sie sich den ganzen Tag über daran. Und, was am wichtigsten ist, denken Sie gelegentlich daran, sich zu fragen: „Träume ich jetzt gerade?" Innerhalb weniger Tage können Sie Ihren Geist dadurch erfolgreich darauf konditionieren, im Schlaf einen Zustand des luziden Träumens herbeizuführen. Der nächste Schritt besteht darin, zu warten.

- *Nach dem luziden Träumen.* Wenn Sie schließlich einen luziden Traum haben und sich dessen bewusst sind, stellen Sie sich sofort vor, dass Sie träumen und dass Sie dabei nicht mehr in Ihrem Körper sind. Bei dem Versuch sollten Sie spüren, wie sich Ihr Bewusstsein befreit und unabhängig von Ihrer physischen Form wird. Ein weiterer Punkt, den Sie dabei beachten sollten, ist der, dass das luzide Träumen in jeder Traumwelt stattfindet, die Ihr Unterbewusstsein erschafft. Setzen Sie also Ihre Willenskraft ein und wünschen Sie sich, dass Sie stattdessen in Ihr Schlafzimmer zurückkehren.

Sobald Sie dies tun, sollten Sie in Ihrem Schlafzimmer schweben, wobei Ihr physischer Körper entspannt auf dem Bett liegt.

Und schon haben Sie das Ziel der Astralprojektion erreicht. Bevor Sie diese Methode anwenden, sollten Sie zunächst das normale luzide Träumen üben. Sobald Sie problemlos einen Zustand des luziden Träumens herbeiführen können, können Sie zur Astralprojektion und zu Astralreisen übergehen.

Methode des verschobenen Bewusstseins

Bei dieser Methode geht es darum, das Bewusstsein und die Orientierung so zu verschieben, dass man auf der Astralebene landet. Um diese Technik anzuwenden, müssen Sie sich in einen tranceähnlichen Zustand versetzen und durch Visualisierung Ihren Geist verlagern. Für viele Menschen ist diese Technik unglaublich einfach, und die Versuche sind fast immer erfolgreich.

- *Schließen Sie die Augen.* Versetzen Sie sich in einen tranceähnlichen Zustand, wie in der ersten Methode beschrieben - entspannen Sie sich, bis Ihr Körper so ruhig wie möglich ist. Stellen Sie sich dann den Raum vor, in dem die Sitzung stattfindet. Versuchen Sie, das Gefühl des ganzen Raumes auf einmal in sich aufzunehmen, indem Sie es in Ihr

Bewusstsein projizieren. Das bedeutet, dass Sie buchstäblich in der Lage sein sollten, den Raum genauso zu sehen, wie er in Ihrer Vorstellung ist.

- *Nehmen Sie die Erfahrung so passiv wie möglich wahr.* Stellen Sie sich vor, dass Sie den ganzen Raum über Ihre Schultern hinweg beobachten.
- *Visualisieren Sie Ihren Astralkörper.* Stellen Sie sich vor, dass sich Ihr Astralkörper langsam und sanft um 180 Grad dreht. Wenn Sie die Drehung im Geist beendet haben, sollte sich Ihr Astralkopf dort befinden, wo Sie Ihre physischen Füße haben, und Ihre Astralfüße sollten dort sein, wo Sie Ihren physischen Kopf haben. Das bedeutet, dass sich Ihr Astralkörper und Ihr physischer Körper direkt gegenüberstehen sollten. Mit diesem Bild im Kopf versuchen Sie, sich Ihr Zimmer von dieser neuen Perspektive aus vorzustellen. Die Idee dabei ist die, dass Sie Ihr Unterbewusstsein dazu bringen, zu vergessen, wo Sie sich wirklich befinden, und Ihren Orientierungssinn zu verschieben. Wenn Sie das richtig machen, werden Sie ein plötzliches Schwindelgefühl verspüren. Erschrecken Sie nicht, das ist ganz normal. Verharren Sie sich einige Minuten in diesem Zustand, bis Sie sich wohlfühlen.
- *Schweben.* Wenn Sie sich in diesem Zustand wohlfühlen, stellen Sie sich im nächsten Schritt vor, wie Sie auf die Oberfläche über Ihnen zuschweben, d.h. auf Ihre Decke oder Ihr Dach zu. Lassen Sie diesen Teil Ihrer Umgebung so real wie möglich erscheinen. Seien Sie nicht überrascht, wenn Ihre Astralform plötzlich aus Ihrer physischen Form herausspringt.

Diese Methode erscheint zwar sehr einfach, aber es ist ebenso einfach, beim Üben einzuschlafen. Sie sollten diese Methode gleich nach dem Aufwachen aus dem Schlaf üben, da Ihr Geist und Ihr Körper nach einem gesunden Nachtschlaf ausgeruht und entspannt sind. Denken Sie daran, dass Sie es nicht gleich beim ersten Versuch richtig machen müssen. Diese Methode braucht Zeit, um sich zu vervollkommnen. Machen Sie das Üben also zu einer regelmäßigen Angewohnheit und seien Sie geduldig. Sie werden von den Ergebnissen überrascht sein, wenn Sie diese Technik schließlich perfektioniert haben.

Sich selbst beim Schlafen zuschauen

Diese Methode ist so ähnlich wie die zweite Methode. Sie müssen dazu Ihren physischen Körper in einen tranceähnlichen Zustand versetzen, um Ihre Astralform aus ihm herauszuschleudern. Beginnen Sie diese Verfahrensweise am Morgen, wenn Sie noch schläfrig sind und Ihr Körper leicht wieder einschlafen kann. Das ist der Schlüssel zum Erreichen des Entspannungs- und Bewusstseinsniveaus, das Sie brauchen, um die Methode erfolgreich auszuführen.

- *Legen Sie sich auf Ihre Couch, Ihr Bett oder auf eine andere ebene Fläche, auf der Sie bequem üben können.* Entspannen Sie Ihre Muskeln, indem Sie die Verspannungen und Knoten, die Sie in ihnen spüren, lockern. Schließen Sie die Augen. Versuchen Sie, Ihren Geist von ablenkenden Gedanken zu befreien, indem Sie sich auf die Sinne Ihres Körpers konzentrieren. Beenden Sie diese Phase erst dann, wenn Sie einen vollständigen Zustand der geistigen und körperlichen Entspannung erreicht haben.

- *Versetzen Sie sich in einen Zustand der Hypnose.* Der hypnotische Zustand wird auch als hypnagogischer Zustand bezeichnet. Locken Sie Ihren Körper in den Schlaf, ohne dabei das Bewusstsein zu verlieren. Die Hypnose ist wie eine Brücke zwischen Wachsein und Schlaf. Solange Sie diesen Zustand nicht erfolgreich erreicht haben, ist die Astralprojektion nicht möglich.

- *Versetzen Sie sich in einen hypnotischen Zustand.* Schließen Sie dazu die Augen fest, aber ohne sie zum Geschlossenbleiben zu zwingen oder Druck auf die Augenmuskeln auszuüben. Erlauben Sie Ihrem Geist, sich auf ein bestimmtes Körperteil zu konzentrieren, z. B. auf Ihren Fuß oder auf einen Finger. Konzentrieren Sie sich auf diesen Körperteil, bis es in Ihrem Geist Gestalt annimmt, auch wenn Ihre Augen weiterhin geschlossen bleiben. Konzentrieren Sie sich so lange darauf, bis alle anderen Gedanken ganz verschwunden sind. Zucken Sie in Ihrem Geist sanft mit dem Finger - bewegen Sie ihn nicht physisch. Stellen Sie sich vor, dass der Finger zuckt oder sich krümmt, bis Sie es so spüren, als geschehe es in der physischen Welt.

- *Fokussieren Sie sich anschließend auf andere Teile Ihres Körpers.* Dazu gehören Ihr Kopf, Ihre Beine, Arme und Hände. Bewegen Sie jedes Körperteil mit Ihrem Geist. Bleiben Sie ruhig, bis Sie Ihren ganzen Körper im Geiste bewegen können.
- *Versetzen Sie sich in den Zustand der Vibration, wie im Abschnitt zu der ersten Methode beschrieben.* Die vibrierenden Empfindungen können in Wellen über Sie kommen oder sich sanft und konstant anfühlen. Sie treten gewöhnlich dann auf, wenn Ihre Seele im Begriff ist, Ihren physischen Körper zu verlassen und in die Astralform zu wechseln. Halten Sie jegliche Angstgefühle in Schach, um Ihren meditativen Zustand möglichst nicht zu stören. Lassen Sie sich von den Schwingungen mitreißen.
- *Verlassen Sie mit Ihrem Geist Ihr Bewusstsein, entsenden Sie es aus Ihrem Körper.* Visualisieren Sie nun das Zimmer, in dem Sie sich befinden. Richten Sie sich im Geiste durch den Einsatz Ihres Willens auf. Sehen Sie sich um und stehen Sie vom Bett auf. Laufen Sie dann in Ihrem Zimmer umher und schauen Sie erneut auf Ihre physische Gestalt.
- *Der Astralzustand.* Wenn Sie das Gefühl haben, Ihren eigenen Körper aus einer anderen Perspektive zu betrachten, sind Sie erfolgreich in die Astralebene eingetreten, und Ihr Bewusstsein ist nun unabhängig von Ihrem Körper. Es ist verständlich, dass diese Stufe für manche Menschen viel Übung erfordert. Wenn Sie zu diesen Menschen gehören, konzentrieren Sie sich einfach darauf, regelmäßig zu üben. Wenn es Ihnen zu schwierig erscheint, Ihren ganzen Körper zu bewegen, versuchen Sie es zunächst mit einem Bein oder einer Hand. Steigern Sie sich dann allmählich, bis der ganze Körper bewegt werden kann.
- Wenn Sie über ausgeprägte intuitive Fähigkeiten verfügen, wird Ihnen das Erreichen des Schwingungszustands so leicht fallen wie das Atmen. Aber auch wenn Sie noch nicht so weit sind, werden Sie den Schwingungszustand schließlich erreichen, wenn Sie fleißig weiter üben. Sobald Ihre Astralform im Reisemodus ist, können Sie in die Astralwelt hinaufschweben.

Die Monroe-Methode

Dr. Monroe ist einer der Pioniere der Astralprojektion, besonders in den Mainstream-Medien. Sie haben wahrscheinlich schon von der Monroe-Methode gehört, sofern Sie sich bereits mit zuvor mit Astralprojektion und AKEs beschäftigt haben. Seine Methode ist unglaublich einfach und eingängig – Sie ähnelt der Seiltechnik, mit einigen kleinen Unterschieden. Die Monroe-Methode kann Ihnen mit großer Wahrscheinlichkeit helfen, einen Astralzustand zu erreichen, vorausgesetzt, dass Sie die richtigen Tipps beherzigen. Im Folgenden finden Sie sieben einfache Schritte, um sie effektiv anzuwenden.

1. *Entspannen Sie sich.* Dies ist für alle Methoden erforderlich, da sich so außerkörperliche Erfahrungen herbeiführen lassen. Entspannen Sie Ihren Körper und Geist mit den bisher besprochenen Entspannungsmethoden.

2. *Nachdem Sie erfolgreich in einen entspannten Zustand eingetreten sind, fahren Sie fort, in dem Sie einen hypnagogischen Zustand herbeiführen.* Locken Sie sich selbst in den Schlaf, ohne Ihr Bewusstsein dabei einschlafen zu lassen. Sie können die im vorherigen Teil beschriebene Methode anwenden, um einen hypnogischen Zustand zu erreichen.

3. *Wenn Sie spüren, dass Sie den schlafähnlichen Zustand erreichen, gehen Sie noch tiefer in Ihren Geist, um fortzufahren.* Zustand A ist der Zustand, in dem Sie sich schließlich in einem schlafähnlichen Zustand befinden. Von Zustand A aus gehen Sie zu Zustand B über - ein tieferer Entspannungszustand, in dem Sie Licht- und Klangmuster wahrnehmen. Von Zustand B gehen Sie zu Zustand C über - ein noch tieferer Zustand als B. Wenn Sie Zustand C erreicht haben, haben Sie das Bewusstsein für alle sensorischen Reize in Ihrem physischen Körper verloren. Ihr Geist soll Ihnen zu diesem Zeitpunkt als einzige Stimulation dienen. Sie befinden sich jetzt in einem Zustand der Leere. Bevor Sie projizieren, müssen Sie sicherstellen, dass Sie den Zustand D erreichen.

4. *Nach Erreichen von Zustand D müssen Sie in einen Schwingungszustand eintreten.* Dies ist der Zustand kurz bevor Sie Ihre Seele aus Ihrem physischen Körper herausprojizieren.

5. *Kontrollieren Sie Ihre Schwingungen, indem Sie wellenartige Vibrationen in jedem Teil Ihres Körpers spüren.* Das geht am besten, indem Sie sich auf das Kribbeln konzentrieren, das durch den

Schwingungszustand verursacht wird, und diese Empfindung von einem Körperteil zum nächsten ausdehnen. Um die Projektion erfolgreich zu initiieren, müssen Sie die vollständige Verantwortung für den Schwingungszustand übernehmen.

6. *Versuchen Sie, sich teilweise von Ihrem Körper zu lösen.* Konzentrieren Sie Ihre Gedanken auf den Versuch, sich von Ihrem Körper zu lösen. Achten Sie darauf, dass Sie Ihre Gedanken nicht aus den Augen verlieren, denn dadurch könnten Sie den Schwingungszustand verlieren. Stoßen Sie einen Teil Ihrer Astralform sanft von Ihrem Körper ab - Sie können einen Fuß oder Ihre Hand zu diesem Zweck benutzen. Strecken Sie das fragliche Körperteil von Ihrem physischen Körper aus weg und versuchen Sie, etwas in Ihrer Nähe zu berühren. Lassen Sie Ihre Hand oder Ihren Fuß durch den Gegenstand, den Sie berühren, hindurchgleiten und ziehen Sie beide dann wieder in Ihre physische Form zurück. Wenn Sie dies erfolgreich geschafft haben, können Sie als Nächstes zu einer vollwertigen Projektion übergehen.

7. *Sie können sich jetzt vollständig von Ihrem physischen Körper lösen.* Nach dieser Methode gibt es zwei Möglichkeiten, mit denen Sie fortfahren können. Erstens: Stellen Sie sich vor, dass Sie leichter werden und durch AKEs in einen Schwebezustand versetzt werden. Bleiben Sie konzentriert, und Sie werden schnell spüren, wie Ihr Bewusstsein Ihren Körper verlässt. Oder Sie können die Rotationsmethode anwenden, bei der Sie sich auf den Rücken drehen - so wie Sie es tun, wenn Sie aus dem Bett aufstehen. Achten Sie darauf, dass Sie Ihren Körper nicht physisch bewegen. Ehe Sie sich versehen, werden Sie feststellen, dass Sie getrennt von Ihrem physischen Körper im Raum liegen. Jetzt müssen Sie sich nur noch vorstellen, dass Sie durch AKEs schweben, während Sie auf Ihren physischen Körper hinunterschauen.

Versuchen Sie all das, Schritt für Schritt, und Sie werden in der letzten Phase eine erfolgreiche Astralprojektion erleben.

Muldoon's Durstmethode

Diese Methode wird Anfängern im Allgemeinen nicht empfohlen, da sie etwas unangenehm sein kann. Sie ist jedoch genauso wirksam wie jede andere Methode auf dieser Liste. Bei der Durstmethode von Muldoon trinkt man den ganzen Tag über kein Wasser und nutzt dann den Durst als treibendes Gefühl, um eine außerkörperliche Erfahrung zu machen.

Man sieht ein Glas Wasser und stellt sich vor, dass man es trinkt. Das macht man den ganzen Tag über alle paar Stunden. Dann stellt man sich vor dem Schlafengehen ein Glas oder eine Tasse ein paar Meter vom Bett entfernt hin und tut sich eine Prise Salz auf die Zunge. Idealerweise, sollten Sie wirklich durstig sein, aber trotzdem nichts trinken. Legen Sie sich einfach auf das Bett und stellen Sie sich immer wieder vor, wie Sie nach dem Glas Wasser greifen oder zu dem Glas Wasser gehen und es trinken. Mit etwas Glück wird sich Ihre Astralform irgendwann aus Ihrem Körper zurückziehen, um sich das Glas Wasser zu holen und es zu trinken. Sie können dann die Gelegenheit nutzen, um die materielle Ebene zu erkunden oder höher in die Astralebene aufzusteigen.

Andere grundlegende Methoden der Astralprojektion

Es gibt noch andere Methoden, die zur Astralprojektion verwendet werden können, um Ihnen einen außerkörperlichen Zustand zu ermöglichen. Sie umfassen die folgenden Ansätze:

- *Die Sprungmethode.* Dies ist eine sehr einfache Methode, die zur Astralprojektion eingesetzt werden kann. Bei dieser Methode müssen Sie sich selbst einer Realitätsprüfung unterziehen. Im Grunde fragen Sie sich also, ob Sie träumen. Fragen Sie ernsthaft und aufrichtig, warten Sie auf eine Antwort und springen Sie dann in die Luft. Im Wachzustand bewegt sich Ihr Körper ganz normal in die Luft und landet dann wieder auf dem Boden. Im Traumzustand spüren Sie hingegen, wie Ihr Astralkörper vom Boden abhebt und wegfliegt, wenn Sie in die Luft springen.
- *Die Dehnungsmethode.* Legen Sie sich hin. Entspannen Sie sich. Stellen Sie sich vor, wie sich Ihre Füße strecken und ausdehnen, bis sie einen oder mehrere Zentimeter länger sind als zuvor. Sobald Sie dieses Bild fest in Ihrem Kopf festhalten können, bringen Sie Ihre Füße in Ihrer Vorstellung wieder auf ihre normale Größe zurück. Wiederholen Sie denselben Vorgang mit Ihrem Kopf. Wechseln Sie zwischen Ihren Füßen und Ihrem Kopf hin und her und dehnen Sie sie bei jedem Versuch weiter aus. Wenn Sie sich mehr als 60 cm weit gedehnt haben, versuchen Sie als nächstes, Ihren Kopf und Ihre Füße auf einmal zu dehnen. Bald werden Sie dadurch

schwindelerregende Empfindungen wahrnehmen und Vibrationen spüren. Wenn das geschieht, können Sie aus Ihrem Zimmer schweben.

- *Die Hängemattenmethode.* Stellen Sie sich vor, Sie sitzen in einer bunten Hängematte zwischen zwei oder mehr Palmen an einem Strand, an dem Sie ganz allein sind. Spüren Sie die Brise auf Ihrem Gesicht und stellen Sie sich vor, wie der Wind Sie sanft hin und her wiegt. Behalten Sie dieses Bild fest in Ihrem Kopf, bis Sie spüren, wie Sie sich aus Ihrem ruhenden Körper heraus wiegen. Schließlich gleiten Sie dadurch aus Ihrem Körper heraus und schweben außerhalb Ihres Körpers in der Luft, um Ihre Erkundungstour zu beginnen.

Unabhängig von der Astralprojektionsmethode, die Sie anwenden, sind die Chancen, dass Sie gleich bei Ihrem ersten Versuch Erfolg haben, sehr gering. Vielleicht versuchen Sie es sogar mehrere Wochen lang, bevor Sie endlich ein greifbares Ergebnis erzielen. Auch wenn Sie sich nicht sofort projizieren können, sollten Sie wissen, dass jeder Schritt, den Sie machen, einen Gewinn für Sie darstellt. Wenn Sie bei Ihrem ersten Versuch den hypnogischen Zustand erreichen, ist das ein großer Erfolg, den Sie auch als solchen betrachten sollten. Wenn Sie bei Ihrem nächsten Versuch erfolgreich in den Schwingungszustand eintreten, ist das ebenfalls ein Erfolg. Es zeigt, dass Sie etwas richtig machen, und dass Sie in kürzester Zeit in der Lage sein werden, sich astral zu projizieren. Lassen Sie sich dazu einfach Zeit und bleiben Sie stets entspannt. Tun Sie nicht so, als müssten Sie ein Wettrennen veranstalten oder etwas innerhalb eines bestimmten Zeitrahmens erreichen.

Das Großartige an der Astralprojektion ist, dass sich Ihr Bewusstsein mit jedem Versuch erweitert, unabhängig davon, wie viele fehlgeschlagene oder erfolgreiche Versuche es gab. Jede Übungseinheit bietet Ihnen eine Gelegenheit, Ihr Bewusstsein zu erweitern und Ihr aurisches Feld zu stärken.

Achtes Kapitel: AKE-Strategien für Fortgeschrittene

Bei den AKE-Strategien für Fortgeschrittene handelt es sich um verschiedene Methoden, bei denen Fähigkeiten wie Visualisierung, Affirmationen, Hypnose, Traumübergang und Klang eingesetzt werden. Die Strategien erfordern diese Fähigkeiten, damit Sie eine Methode finden können, die wirklich gut zu Ihnen passt. Wenn Sie über schlechte Visualisierungsfähigkeiten verfügen, können Sie die Affirmationsmethoden oder die Traumübergangsstrategie benutzen. Die Visualisierungstechniken gehören insgesamt zu den beliebtesten AKE-Methoden. Wie Sie sehen können, basieren die meisten grundlegenden AKE-Techniken auf Visualisierungsansätzen. Nachdem Sie sich für eine bestimmte Methode entschieden haben, üben Sie diese mindestens dreißig Tage lang regelmäßig. Die Ergebnisse, die Sie dabei erzielen, hängen von Ihrem persönlichen Engagement und dem Aufwand, den Sie in die Übungen investieren, ab. Denken Sie daran, dass Sie am besten mit einer spielerischen und unbeschwerten Haltung an die Methoden herangehen sollten. Haben Sie dabei nicht das Gefühl, dass Sie etwas Schwerwiegendes tun müssen. Machen Sie Ihren Geist frei, damit Sie Spaß haben und sich an den positiven Ergebnissen, die Sie erzielen, erfreuen können.

Zielstrategie

Dies ist eine Visualisierungsmethode, die einen oder mehrere Ihrer fünf Sinne anspricht. Bei dieser Strategie richten Sie Ihre Aufmerksamkeit auf ein Objekt außerhalb Ihres physischen Körpers und nutzen es, um sich in den hypnogischen Zustand zu versetzen. Sie können sich einen Ort, einen Gegenstand oder eine Person vorstellen, auf die Sie Ihre Aufmerksamkeit richten können, solange es sich nicht um einen Teil von Ihnen selbst handelt. Das Objekt oder die Person, die Sie auswählen, muss sich in einiger Entfernung befinden. Es könnte sich beispielsweise um Ihr Lieblingsrestaurant oder Ihren Ex-Partner handeln. Es kann aber auch ein Gegenstand sein, der für Sie eine besondere Bedeutung hat. In jedem Fall sollte es sich um etwas Physisches und Greifbares handeln - etwas, das Sie direkt vor Augen haben. Sie können für diese Methode folglich keine imaginären Orte oder Personen verwenden. Wählen Sie ein Objekt oder einen Ort, dem Sie sich nahe fühlen. Vielen Menschen hilft es, wenn Sie sich einen geliebten Menschen vorstellen, von dem sie zeitweise getrennt sind. Wählen Sie am besten keine Person, zu der Sie noch nie eine emotionale Beziehung hatten, also zum Beispiel keine Prominenten, die Sie noch nie getroffen haben.

Stellen Sie sich vor, dass Sie bei der Person sind. Atmen Sie in deren Gegenwart hinein und erlauben Sie sich, sich bis zu dem Punkt von der Vorstellung absorbiert zu fühlen, ab dem es sich anfühlt, als ob Sie beide tatsächlich zusammen wären. Wenn Sie möchten, können Sie eine Form der Interaktion mit der Person beginnen, um Sie in ihrer Gegenwart verweilen zu lassen. Behalten Sie die visuelle Vorstellung so lange wie möglich in Ihrem Kopf, während Sie Ihren Körper entspannen und langsam in den Schlaf gleiten. Es ist wichtig, dass Sie so viele Details wie möglich in Ihre Visualisierung aufnehmen, einschließlich der Interaktion, die Sie mit der Person haben. Während Ihr Körper in den Schlaf gleitet, sollte Ihr Geist wach und aufmerksam bleiben. Diese Methode eignet sich hervorragend für Visualisierungsübungen vor dem Schlafengehen, da sie den Übergang in den hypnogischen Zustand beschleunigt. Denken Sie daran, dass diese Methode umso besser funktioniert, je mehr Sie sich mit Ihrem Ziel beschäftigen. Lassen Sie also Ihrer Fantasie freien Lauf, wenn Ihnen das weiterhilft. Die Aufrechterhaltung der Konzentration und des Bewusstseins mit dieser Methode wird erheblich verbessert, wenn Sie

Ihre Aufmerksamkeit ganz auf ein ausgewähltes Objekt oder einen Ort in Ihrer Nähe richten.

Diese Übung trägt dazu bei, dass Sie diese Fähigkeit effektiv weiterentwickeln.

- Suchen Sie sich drei Ziele in Ihrer Wohnung aus. Die drei Ziele sollten greifbare Gegenstände sein, die Sie sich leicht vorstellen können. Alle drei sollten sich in jeweils einem anderen Teil Ihrer Wohnung befinden, weit weg von dem Zimmer, in dem Sie diese außerkörperliche Übung durchführen. Das erste Ziel könnte zum Beispiel Ihr Lieblingssofa sein. Das zweite Ziel könnte Ihr Abschlussballkleid aus der Hochschule sein. Das dritte Ziel könnte ein visueller Anreiz sein, z. B. die Vase, die Sie sich mal aus dem Urlaub in Japan mitgebracht haben. Stellen Sie sicher, dass sich diese drei Ziele alle in einem Raum befinden.
- Nachdem Sie sich Ihre Ziele ausgesucht haben, gehen Sie mit Ihrem physischen Körper in das Zimmer, in dem sich auch die Zielgegenstände befinden. Nehmen Sie jedes einzelne Ziel sorgfältig und genau unter die Lupe und betrachten Sie jedes Detail mit akribischer Achtsamkeit. Betrachten Sie alle drei nacheinander und von verschiedenen Blickwinkeln aus. Stellen Sie fest, ob es irgendwelche Unregelmäßigkeiten oder Unvollkommenheiten gibt, die Ihnen ins Auge springen. Nehmen Sie sich ausreichend Zeit, um das Aussehen und das Gefühl, das mit jedem Ziel verbunden ist, zu verinnerlichen.
- Stimmen Sie sich auf Ihre fünf Sinne ein, während Sie zu dem Objekt gehen, um es gründlich zu untersuchen, aber konzentriert Sie sich zunächst mehr auf das Sehen und Tasten. Wie fühlt sich jeder Gegenstand an, wie sehen die Gegenstände aus? Gehen Sie mehrmals in den Raum, bis Sie sich an die wichtigsten Merkmale aller Gegenstände gut erinnern können, einschließlich deren Gewicht, Beschaffenheit, Farbe und Dichte. Achten Sie auch auf die Gefühle, die Ihren Gang von einem Objekt zum nächsten begleiten.

Diese Übung soll Ihnen dabei helfen, Ihr Bewusstsein aktiv aufrechtzuerhalten, während Sie den geistigen Fokus von Ihrem physischen Körper fernhalten. Wenn Sie sich voll und ganz auf die Ziele konzentrieren, driftet Ihr physischer Körper in den Schlaf. Wenn Sie beharrlich bleiben, können Sie durch diese Strategie dramatische Erfolge erzielen. Um den Erfolg beim Gebrauch dieser Methode zu verstärken, müssen Sie einen ganzen Monat lang nur die visuelle und physische Begehung des Raumes üben. Für jede Übung brauchen Sie dabei nur dreißig Minuten. Achten Sie darauf, dass Sie sich Ziele aussuchen, die Sie sich leicht vorstellen können, wenn es soweit ist. Durch diese Strategie lässt sich der hypnogische Zustand schneller erreichen als mit einigen anderen Methoden. Sie ist praktisch. Sobald Sie den hypnogischen Zustand erreicht haben, folgen Sie den anderen Schritten, die in Kapitel Sieben erklärt werden.

Tonfrequenzstrategie

Die tibetischen Schamanen verwenden schon seit Jahren Klänge, um außerkörperliche Erfahrungen zu machen. Sie verwenden Gesänge, Glocken und Glockenspiele, um ihren meditativen Erfolg zu steigern. Es ist erwiesen, dass sich wiederholende Klänge bei der Verbesserung der Konzentration und der Schärfung des Bewusstseins von Menschen nützlich sein können. Bei der Klangfrequenzstrategie handelt es sich um eine Methode, die von Mönchen seit Jahrhunderten angewendet wird. Es handelt sich um eine klassische Methode, die recht einfach durchführbar ist.

Atmen Sie sehr tief ein und aus und lassen Sie Ihren Körper dabei vollständig entspannt. Machen Sie es sich an dem von Ihnen gewählten AKE-Ort bequem. Schließen Sie die Augen und konzentrieren Sie sich genau auf den Punkt über Ihrem Kronenchakra. Richten Sie Ihr ganzes Bewusstsein dorthin, bis Sie langsam die bewussten Empfindungen in Ihrem Körper verlieren.

- Wenn die Empfindungen aus Ihrem physischen Körper verschwinden, stimmen Sie sanft sieben Mal das Wort *OM* an. Achten Sie auf die Resonanz des Klangs in Ihrem Geist; erlauben Sie ihm, zum Scheitel Ihres Kopfes zu wandern.

  Konzentrieren Sie sich auf den Punkt, an dem die Töne erklingen, und erlauben Sie dem Klang, sich allmählich durch die Decke zu bewegen und zur Oberfläche darüber aufzusteigen. Spüren Sie, wie sich Ihr Bewusstsein mit dem Klang verbindet und wie beide eins werden. Werden Sie ein Teil des Klangs und lassen Sie ihn gleichzeitig zum einem Teil Ihrer Selbst werden. Wenn Ihr Körper sich entspannt und in

einen traumähnlichen Zustand verfällt, verschmelzen Sie mit dem aufsteigenden Klang.
- Spüren Sie, wie Ihr Bewusstsein mit dem Klang im Zimmer aufsteigt. Genießen Sie den Klang und lassen Sie ihn durch sich hindurchfließen - als ob Sie mit ihm vereint wären. Erlauben Sie Ihrem Körper, sich zu entspannen und zu schlafen, während sich Ihr Geist auf den Klang des OMs konzentriert. Lenken Sie Ihre Aufmerksamkeit nicht von dem Klang ab, bis Ihr physischer Körper eingeschlafen ist und spüren Sie, wie sich die Astralebene für Sie öffnet.

Diese außerkörperliche Methode funktioniert effektiver, wenn Sie sie mit einem AKE-Induktions-Tonband kombinieren.

Strategie zur Verbindung mit dem höheren Selbst

Das ultimative Ziel von AKEs und Astralreisen ist es, Ihnen dabei zu helfen, Ihrer spirituellen Essenz, also Ihrem höheren Selbst, näher zu kommen. Nur wenn Sie sich auf Ihr höheres Selbst fokussieren, werden Sie einen Zustand der ultimativen Erleuchtung und des Bewusstseins erreichen. Wenn Sie mit Ihrem höheren Selbst verbunden sind, wird der Eintritt in die Astralebene für eine außerkörperliche Erfahrung sehr viel angenehmer. Die folgenden Schritte werden Ihnen helfen, mit Ihrem höheren Selbst in Kontakt zu kommen.

- *Setzen Sie sich bequem hin und schließen Sie die Augen.* Konzentrieren Sie sich auf das Gefühl und den Rhythmus Ihres Atems und erlauben Sie all Ihren Gedanken, sich langsam aufzulösen. Konzentrieren Sie sich so lange auf Ihren Atem, bis alle Gedanken an den heutigen Tag gänzlich verschwunden sind.
- *Bitten Sie Ihr Herz aufrichtig, Ihnen ein visuelles Symbol Ihres höheren Selbst zu schenken.* Öffnen Sie Ihren Geist für alle Eindrücke, die auf Sie zukommen. Urteilen Sie nicht, sondern konzentrieren Sie sich einfach nur.
- *Stellen Sie sich vor Ihrem geistigen Auge vor, dass Ihr höheres Selbst von einer gewissen Entfernung aus auf Sie zukommt.* Dies kann auf jede Art und Weise erscheinen, die für Sie eine wichtige Bedeutung hat. Schließlich steht Ihr höheres Selbst-

Symbol vor Ihnen. Sie können seinen strahlenden Lichtschein und die widerhallende Energie, die ihn umgibt, deutlich spüren. Nehmen Sie sich so viel Zeit wie möglich, um sich Ihr höheres Selbst vorzustellen, sich der Vorstellung zu öffnen und mit ihm eins zu sein.

- *Stellen Sie sich deutlich vor, wie Sie mit dem spirituellen Symbol verschmelzen und schließlich eins werden.* Geben Sie sich seiner Energie und seinem Licht hin, denn nichts sollte Ihre Verbindung zum höheren Selbst behindern. Erkennen Sie an, dass es keine Trennung zwischen Ihrem bewussten Selbst und dem höheren Selbst geben muss.
- *Lassen Sie Ihre Gedanken abschweifen und mit Ihrer Absicht verschmelzen, um Ihr höheres Selbst zu verkörpern.* Lassen Sie alle nötigen Verschiebungen in Ihrem Inneren zu, während Ihr Bewusstsein mit Ihrem mächtigen höheren Selbst verschmilzt.

Eine etablierte Verbindung mit dem höheren Selbst macht die Astralprojektion viel einfacher. Darüber hinaus kann Ihnen die regelmäßige AKE-Praxis helfen, diese Verbindung zu stärken, sobald sie einmal hergestellt wurde.

Die Spiegelmethode

Diese Visualisierungsstrategie dient dazu, eine außerkörperliche Erfahrung herbeizuführen. Sie kann Ihre Visualisierungsfähigkeiten erheblich verbessern und Sie auf die Erkundung der Astralebene vorbereiten.

- Stellen Sie sich einen Ganzkörperspiegel in Ihren AKE-Übungsraum. Der Spiegel sollte sich an einer Stelle befinden, die es Ihnen ermöglicht, Ihr Spiegelbild zu sehen, ohne dass Sie Ihren Körper bewegen müssen.
- Schauen Sie in den Spiegel und betrachten Sie Ihr Spiegelbild. Untersuchen Sie das Abbild vor Ihnen sorgfältig und beginnen Sie damit, sich dessen Details einzuprägen. Versuchen Sie dabei so objektiv und distanziert wie möglich vorzugehen. Stellen Sie sich Ihr Spiegelbild als ein Motiv vor, das Sie in Ihrem Geiste malen wollen. Achten Sie auch auf die kleinsten Details. Achten Sie auf die Art und Weise, wie Ihre Kleidung sitzt und auf Ihre Körperhaltung. Nehmen Sie sich so viel Zeit wie nötig, um sich jedes Merkmal, das Sie sehen, in Ruhe

einzuprägen.
- Schließen Sie nun die Augen und beginnen Sie, sich selbst in so vielen Details wie möglich vorzustellen, je nachdem, wie Sie sich am besten erinnern können. Wiederholen Sie diesen Vorgang so lange, bis Sie sich mental auf der gegenüberliegenden Seite Ihres Zimmers visualisieren können.
- Lassen Sie die Augen geschlossen und stellen Sie sich vor, dass Sie auf der anderen Seite Ihres Zimmers stehen. Fangen Sie dann an, sich Ihr geistiges Abbild dabei vorzustellen, wie es sich von einem Teil des Zimmers zum anderen bewegt.
- Als Nächstes stellen Sie sich vor, wie Ihr imaginäres Ich langsam Ihre Finger und Hände bewegt, bevor es damit beginnt, Ihre Atemzüge zu kontrollieren. Stellen Sie sich vor, wie Ihr Spiegelbild seine Füße und Beine bewegt. Erlauben Sie sich, soweit es Ihnen möglich ist, die Handlungen Ihres Spiegelbildes emotional und geistig zuzulassen.
- Achten Sie darauf, wie Sie diese Bewegungen langsam zu spüren beginnen. Genießen Sie es, wenn Sie die Empfindungen ohne Ihren physischen Körper spüren. Tauchen Sie ein in die Bewegungen und die Empfindungen, die sie bei Ihnen hervorrufen.
- Stellen Sie sich selbst beim Eintauchen vor, stehen Sie dann langsam auf und gehen Sie durch den Raum. Achten Sie beim Gehen auf die Empfindungen, die Ihre Bewegungen begleiten.
- Spüren Sie, wie Sie Ihre imaginären Augen öffnen. Stellen Sie sich mit so viel Klarheit wie möglich vor, wie Ihr Spiegelbild sich im Raum umsieht. Es sollte sich so anfühlen, als würden Sie den Raum aus einer neuen Perspektive betrachten, falls das geschieht, müssen Sie sich keine Sorgen machen. Lassen Sie sich einfach auf den Eindruck ein. Je mehr Sie diese Methode üben, desto besser werden Sie dazu in der Lage sein, die Welt jenseits der Grenzen der physischen Form zu sehen.
- Übertragen Sie nach und nach Ihre Sinne - vom Sehen bis zum Tasten - auf Ihr Abbild, das in Ihrem Zimmer herumläuft. Wenn die meisten Ihrer Wahrnehmungsfähigkeiten auf das imaginäre Selbst übergehen, verlieren Sie jegliches Bewusstsein für Ihren physischen Körper. Konzentrieren Sie sich ganz auf Ihr imaginäres Selbst mit den neuen Empfindungen und der

entsprechenden Perspektive.

- Entspannen Sie sich und lassen Sie Ihren physischen Körper einschlafen. Während Ihr Körper allmählich in den Schlaf gleitet, werden Sie eine Verschiebung Ihres Bewusstseins von Ihrem physischen Körper aus in den Astralkörper spüren. Achten Sie darauf, dass Sie ruhig bleiben, während dies geschieht.

Die Spiegelstrategie basiert vollständig auf der Visualisierungsfähigkeit. Sie gilt als eine der schnellsten Möglichkeiten, eine außerkörperliche Erfahrung herbeizuführen. Sie ist leicht zu erlernen und noch leichter zu praktizieren. Mit Beständigkeit und Anstrengung wird die Spiegelmethode Ihnen zuverlässig dabei helfen, die Kunst der Astralprojektion zu erlernen. Aber noch wichtiger ist, dass Sie mithilfe der Spiegelstrategie für außerkörperliche Erfahrungen Ihre Visualisierungsfähigkeiten auch für andere Zwecke erheblich verbessern können. Achten Sie darauf, dass Sie das Üben genießen.

REM-Strategie

Diese Methode wird REM-Strategie genannt, weil man sie nur am frühen Morgen anwenden kann, nachdem zwei REM-Schlafsitzungen vergangen sind. Wenn man schläft, tritt man alle 90 bis 100 Minuten in eine Traumsitzung ein, die als „Rapid Eye Movement"-Phase (rasche Augenbewegungsphase) oder REM bekannt ist. Während dieses Zeitraums dienen die Augenbewegungen als physischer Beweis dafür, dass man sich in einem Traum oder in einem anderen Zustand befindet, in dem das Bewusstsein verändert wurde. Die Wissenschaft konnte noch keine eindeutige Erklärung für Verbindung zwischen außerkörperlichen Erfahrungen und REM liefern. Es besteht jedoch trotzdem kein Zweifel daran, dass die beiden Phasen irgendwie miteinander verbunden sind. Die REM-Strategie erfordert ein hohes Maß an Selbstdisziplin, aber sie ist gleichzeitig sehr nützlich und sicher.

- Stellen Sie Ihren Wecker auf drei Stunden Schlaf ein. Sobald er klingelt und Sie aufwachen, müssen Sie sich in Ihr übliches Zimmer für Ihre AKE-Übungen begeben.
- Machen Sie es sich bequem und wenden Sie eine der bisher besprochenen Astralprojektionsmethoden an. Beginnen Sie damit, Ihre Affirmationen verbal zu wiederholen, und sagen Sie sie dann leise zu sich selbst.

- Während sich Ihr Körper in diesem Zustand entspannt, konzentrieren Sie sich ganz auf die Affirmationen und lenken Sie Ihren Geist von Ihrem physischen Körper weg. Wenn Sie in den hypnogischen Zustand eintreten, sollten Sie versuchen, die Wirkung Ihrer Affirmationen auf Ihre Psyche zu verstärken. Steigern Sie die Intensität der Affirmationen. Die letzte Affirmation sollte entschlossen, persönlich und klar formuliert sein - sie sollte bei Ihnen eine sofortige außerkörperliche Erfahrung auslösen. Ihr letzter Gedanke, bevor Ihr Körper vollständig in den Schlaf abdriftet, muss eine außerkörperliche Affirmation sein.
- Vergessen Sie nicht, Ihr ganzes Bewusstsein auf die Affirmationen zu konzentrieren. Die Intensität der Affirmationen und das Maß an Engagement, das Sie für sie empfinden, sind dabei ebenfalls sehr wichtig. Die Methode funktioniert bei vielen Menschen und ist im Allgemeinen für die meisten ausreichend. Wenn Sie alles richtig machen, werden Sie eine außerkörperliche Erfahrung erleben, und zwar unmittelbar nachdem Ihr Körper eingeschlafen ist.

Nun haben Sie einige der Astralprojektionsstrategien für Fortgeschrittene kennengelernt. Sie alle sind im Allgemeinen leicht zu befolgen; allerdings müssen Sie gegebenenfalls Ihre Visualisierungsfähigkeiten schärfen, bevor Sie einige von ihnen ausprobieren. Unabhängig davon ist es hilfreich, wenn Sie mit den grundlegenden Methoden zu beginnen. Die grundlegenden Astralprojektionsstrategien sind einfach und erfordern nicht wirklich starke Visualisierungsfähigkeiten. Letztendlich ist die Wahl Ihre Entscheidung. Wenn Sie sich herausfordern wollen, können Sie sich auch an die schwierigeren Strategien wagen, und zum Beispiel die Zielstrategie ausprobieren.

Neuntes Kapitel: Was Sie bei der Astralprojektion zu erwarten haben

Um wirklich zu verstehen, wie sich die Astralprojektion anfühlt, muss man sie tatsächlich erleben. Auch das Gefühl, wenn sich die Astralform vom physischen Körper ablöst, ist für jeden Menschen einzigartig. Vielleicht erleben Sie die Astralprojektion nicht auf dieselbe Weise wie jemand anderes, aber es gibt einige vertraute Empfindungen, von denen jeder berichtet, der schon einmal eine außerkörperliche Erfahrung erlebt hat. Wenn Sie diese Empfindungen schon vor Ihrer außerkörperlichen Erfahrung kennen, wissen Sie, was Sie erwartet, wenn Ihre Seele Ihren Körper verlässt. Wenn Sie sich auf diese Gefühle einlassen, kann Ihre Astralprojektion sogar noch heilsamer werden. So heilsam diese Empfindungen auch sind, so schwierig ist es oft trotzdem, das Phänomen Menschen zu erklären, die sie noch nie erlebt haben. Aber wenn Sie die Erfahrung erst einmal gemacht haben, können Sie die erstaunliche Erfahrung der Astralprojektion voll und ganz begreifen. Doch egal, wie ungewohnt sich die Empfindungen, während Ihrer Astralprojektion auch anfühlen, Sie müssen sie annehmen. Wenn Sie aus Angst vor dem Gefühl zurückschrecken, wird das nur dazu führen, dass Ihre Astralreiseversuche fehlschlagen. Im Folgenden finden Sie einige der zu erwartenden Empfindungen, die Sie im Astralmodus erleben können, und Hinweise dazu, wie Sie am besten auf diese reagieren.

Lähmung

Die Schlaflähmung tritt bei den meisten Menschen während einer Astralreise auf, und zwar in der Regel während der Vorbereitung auf die Astralprojektion. Lähmung und Steifheit entstehen durch den hypnogischen Zustand, währenddessen der gesamte Körper erstarrt und nur der Geist aktiv bleibt. Infolgedessen wird Ihr physischer Körper gelähmt, ähnlich dem Lähmungszustand, in den er eintritt, wenn Sie sich im Schlafmodus befinden. In diesem Fall brauchen Sie keine Angst zu haben, denn Sie können Ihren Körper bei Bedarf wieder aufwecken. Wenn Sie Astralreisen zum ersten Mal ausprobieren, sind Sie vielleicht nicht auf die Erfahrung vorbereitet und fühlen sich unwohl, weil Sie Ihren Körper nicht bewegen können. Der beste Weg, um sich die Panik vom Leib zu halten, ist sich vorzustellen, dass Ihr Körper langsam in den Schlafzustand verfällt, während Ihr Geist in einem traumähnlichen Zustand bleibt. Wenn Sie sich so unwohl fühlen, dass Sie nicht mehr länger in diesem Zustand verharren können, brauchen Sie Ihren Körper nur wachzurütteln. Andernfalls müssen Sie die Lähmung in Kauf nehmen, um Ihre Astralreise fortsetzen zu können.

Vibrationen

Vibrationen sind bei jeder AKE-Erfahrung zu erwarten, da man den Vibrationszustand durchlaufen muss, bevor man seinen Astralkörper vom physischen Körper trennt. Es wird berichtet, dass sich die Schwingungen wie ein Stromstoß anfühlen können. Die Intensität des Gefühls kann jedoch von Person zu Person unterschiedlich sein. Während Sie das Gefühl vielleicht nur minimal spüren, kann es sich für jemand anderen so anfühlen, als ob sein ganzer Körper sich verkrampft – oder es kann genau andersherum sein. Das Spannende daran ist, dass die Wirkung der Schwingungen auf Ihren Körper für niemanden sichtbar ist. Der Schwingungszustand wird erst dann erreicht, wenn Ihre Energiezentren - die Chakren - eine einvernehmliche Resonanz erreichen. Wenn die Energiepunkte synchronisiert werden, kann es sich so anfühlen, als würden sich mehrere Portale gleichzeitig öffnen. An diesem Punkt können Sie sich öffnen und in die Astralebene projizieren. Erfahrene Astralprojektoren können die Schwingungsstufe herbeiführen und die Intensität nach Belieben erhöhen oder verringern. Mit etwas Übung können auch Sie diese Stufe der Fähigkeit erreichen.

Erhöhte Herzfrequenz

Astralprojektionen können sehr intensiv sein, unabhängig davon, ob Sie ein Anfänger oder als erfahrener Projektor agieren. Bei Anfängern ist die Intensität der Erfahrung in der Regel höher, weshalb Sie vielleicht spüren, wie sich Ihr Puls wahnsinnig beschleunigt. Sie können, wenn das passiert, Ihr Herz buchstäblich in Ihren Ohren klopfen hören. Erinnern Sie sich zum Beispiel an Ihre ersten Versuche beim Joggen und daran, wie atemlos Sie sich anfangs fühlten. Wenn Sie also still liegen und in einen traumähnlichen Zustand eintreten, in dem nur noch Ihr Geist aktiv ist, sollten Sie nicht allzu überrascht sein, wenn Ihr Herz durch die Erfahrung schneller schlägt als sonst. Sie brauchen viel Selbstvertrauen und Willenskraft, um eine Astralprojektion erfolgreich zu erleben. Emotionen wie Angst und Aufregung können ebenfalls zu Ihrem Herzklopfen beitragen. Das liegt daran, dass diese Emotionen die Ausschüttung von Adrenalin auslösen, was Ihren Herzschlag ungewollt erhöht. Versuchen Sie, sich nicht auf Ihr Herzrasen zu konzentrieren, sondern fokussieren Sie sich stattdessen auf das, was wirklich wichtig ist, nämlich auf die Erfahrung, die Sie machen wollen.

Summen

Der Schwingungszustand geht mit bestimmten Klängen einher, die sehr ausgeprägt und laut sind. Diese Klänge können allmählich in Ihr Bewusstsein sickern oder als plötzliches Echo auftreten. Astralprojektoren berichten meist davon, dass sie Geräusche hören, wenn sie den Schwingungszustand erreichen. Der Klang kann schwach und süß in Ihren Ohren klingen und sie zum Kribbeln bringen. Für eine andere Person mag das Geräusch laut und überwältigend klingen - ähnlich wie das Geräusch, das man beim Fliegen in einem Privatjet hört. Sie können auch ein *zischendes* Geräusch wahrnehmen, als würde die Luft an einem windigen Tag durch Ihre Ohren wehen. Andere Geräusche, die auftreten können, sind ein *Dröhnen*, *Knallen* oder *Rauschen*. Diese Geräusche sind wichtig, weil sie die Öffnung der Astralwelt beschleunigen können. Deshalb können Sie lernen, wie Sie sie erzeugen können, wenn Sie die Astralebene betreten wollen. Eine der effektivsten Möglichkeiten, um dies zu erreichen, ist das Hören „binauraler Beats" (regelmäßige tiefe Klänge zur Entspannung und Konzentration).

Kribbeln/Taubheit

Das Kribbeln ist normalerweise ein Teil der außerkörperlichen Erfahrung eines jeden Astralprojektors. In manchen Fällen können Sie jedoch auch das genaue Gegenteil von Kribbeln erleben. Die beiden Empfindungen sind wie die beiden Enden einer Skala. Wenn Sie auf die Astralprojektion reagieren, indem Sie sich der Empfindungen übermäßig bewusstwerden, wird Ihr Körper ein leichtes oder intensives Kribbelgefühl erleben. Das kann ein schnelles und sanftes Stechen auf der Haut sein oder ein juckendes Gefühl, das Sie sehr unangenehm berührt. Für manche kann es sich anfühlen, als ob Elektrizität mit sehr hohen Frequenzen durch den Körper jagt.

Reagieren Sie dagegen unterempfindlich auf die Empfindungen, wird Ihr Körper taub, und Sie spüren nichts mehr. Sie sind einfach nur da, wie als wären Sie in einem gelähmten Zustand. Die Taubheit bedeutet, dass Ihr bewusster Geist das einzige ist, was wach und aktiv bleibt.

Versenkung

Ein Gefühl des Versinkens gilt als ein weiteres weit verbreitetes Gefühl, von dem die meisten Astralprojektoren berichten. Sie werden wahrscheinlich eine Art Druck auf Ihrem Körper spüren. Je nach Intensität des Drucks kann das Gefühl leicht sein oder sich verstärken. Dieses Gefühl des Versinkens ist darauf zurückzuführen, dass sich Ihr Körper schwer anfühlt und nach unten gedrückt wird. Das ist normal. Dieser Eindruck geht dem Zustand unmittelbar vor der Projektion voraus. Die erhöhte Aktivität in Ihrem Kronenchakra ist für das Druckgefühl verantwortlich. Das Gefühl hält nur einen kurzen Moment lang an. Was Sie also tun können, ist, geduldig bleiben, bis es vorübergeht. Lenken Sie Ihren Geist von den Gefühlen des Unbehagens ab, die zu diesem Zeitpunkt entstehen können. Atmen Sie einfach weiter und bleiben Sie in dem ursprünglichen, ruhigen Zustand, bis sich Ihre Astralform von Ihrem physischen Körper trennt.

Schweben

Nachdem sich Ihr Astralkörper erfolgreich von Ihrem physischen Selbst getrennt hat, spüren Sie vielleicht, wie Sie schweben. Dies ist der wahrscheinlich aufregendste Teil der Astralprojektion – wenn man etwas tut, was man nur von Schauspielern im Film kennt. In der

Vorbereitungsphase der Astralreisen werden Sie ein Schwebegefühl erleben. Im Grunde spüren Sie, wie Ihr Körper von einer nichtphysischen Kraft aus dem Bett herauf zur Decke gezogen wird. Diese Kraft ist Ihr Geist. Vielleicht können Sie die Geschwindigkeit, mit der Sie schweben, und die Distanz, die Sie erreichen, kontrollieren, aber das ist bei Ihrem ersten erfolgreichen Versuch eher unwahrscheinlich. Leider empfinden manche Menschen dieses Schwebegefühl als unangenehm. Sie haben das Gefühl, dass ihr Magen aufgrund des Höhenunterschieds auf den Boden sinkt. All diese Gefühle können immer noch auftreten, weil Sie noch mit Ihrem physischen Körper verbunden sind. Sobald Sie sich von Ihrem physischen Körper trennen, werden alle Sinneswahrnehmungen, die mit der physischen Form verbunden sind, verschwinden. Denken Sie daran, dass die Astralform im Gegensatz zum physischen Körper nicht durch Begrenzungen eingeschränkt ist. Daher gibt es in der Astralform keine physischen Behinderungen. Ihr Astralkörper kann das Universum nach Belieben erforschen, ohne durch physische Unfähigkeit behindert zu werden oder physischen Schaden zu erleiden. Ihr Verstand ist die einzige Einschränkung, die Sie in der Astralwelt haben, und die Kontrolle darüber liegt bei Ihnen.

Lauter Lärm

Abgesehen von dem *Summen,* das Sie in Ihrem Schwingungszustand hören, haben Astralprojektoren auch von anderen Geräuschen berichtet. Wenn Sie eine Affinität für Musik haben, sind Sie für diese Geräusche vielleicht empfindlicher als für andere Geräuscheindrücke. Bereiten Sie sich auf die möglichen Geräusche vor, damit sie Ihren Ruhezustand nicht unterbrechen. Eine Besonderheit von Geräuschwahrnehmung in der Astralform ist, dass sie immer lauter werden können, fast so, als ob jemand den Lautstärkeregler bedient. Die Geräusche reichen von Klingeltönen über Glockengeläut bis hin zu einem Hauch von echter Musik. Geraten Sie nicht in Panik, wenn Sie eines dieser Geräusche wahrnehmen. Es ist unvermeidlich, dass Sie im Astralzustand Geräusche wahrnehmen. Alles, was Sie tun können, ist, Ihren Geist auf diese Erfahrung vorzubereiten.

Wenn Sie sich schließlich astral projizieren, werden Sie wahrscheinlich mindestens eine oder mehrere dieser Empfindungen wahrnehmen. Da Sie nun wissen, was Sie erwartet, sollte es kein

Problem sein für Sie sein, weiterhin entspannt zu bleiben, wenn die Geräusche schließlich auftreten.

Drei häufig gestellte Fragen über die Reisen auf der Astralebene

Drei Fragen tauchen bei Diskussionen über Astralprojektion immer wieder auf, und die Antworten auf diese Fragen helfen Ihnen, die richtigen Erwartungen zu wecken. Noch wichtiger ist, dass sie Ihnen helfen, die Angst zu lindern, die mit dem Gedanken an ein so ernstes Thema wie Astralreisen einhergeht.

„Kann jemand anderes die Kontrolle über meinen Körper auf der Astralebene übernehmen?"

Wenn es etwas gibt, das das Wort „unmöglich" präzise beschreibt, dann ist es die Antwort auf diese Frage: Ihr Körper kann selbstverständlich von keinem anderen Geist außer dem Ihren besetzt werden. Die Astralprojektion ist zwar etwas anders, aber hat fast dieselben Folgen wie der Schlaf. Wenn eine andere Person Ihren Körper nicht im Schlaf übernehmen kann, dann ist es auch auf der Astralebene nicht anders. Ihr physischer Körper ist in keiner Weise gefährdet.

„Kommuniziere ich mit Menschen auf der Astralebene?"

Natürlich können Sie mit Menschen auf der Astralebene kommunizieren - seien Sie dabei nur vorsichtig, wenn es darum geht, mit wem Sie sprechen. Auf der Astralebene gibt es verschiedene Ebenen der Existenz. Die Kommunikation kann also davon abhängen, auf welcher Ebene Sie sich befinden, wenn Sie in Ihre Astralform übergegangen sind. Es kann sein, dass Sie Menschen treffen, die in ihren Träumen astral unterwegs sind. Jeder Versuch, mit diesen Menschen zu kommunizieren, gilt als vergeblich, da die meisten unbewusst und mit sich selbst beschäftigt sind. Kümmern Sie sich am besten um Ihre eigenen Angelegenheiten. Versuchen Sie nicht, gleich als erstes mit den anderen Menschen zu sprechen. Selbst wenn sie mit Ihnen sprechen, sollten Sie die Situation in Ruhe einschätzen, bevor Sie antworten. Das Astralreich ist ein Ort, an dem Sie sehr verletzlich sein können, daher ist es am sichersten, wenn Sie Ihre Gefühle und Empfindungen nicht mit den falschen Wesenheiten teilen.

„Wie sieht die Astralebene aus?"

Auf diese Frage lässt sich schlecht eine endgültige Antwort geben. Die Astralebene hat nicht für jeden ein einheitliches Erscheinungsbild. Wie sie für Sie persönlich aussieht, hängt weitgehend von Ihrem aurischen Feld und von der Synchronisation Ihrer Energiepunkte ab. Sie werden jedoch feststellen, dass Ihre Umgebung ein neues Aussehen annimmt, sobald Sie sich auf Ihre astrale Form projizieren. Zum Beispiel können Ihr Schlafzimmer oder Ihr Übungsraum eine Art astrales Aussehen annehmen - was bedeutet, dass sie nicht mehr genau wie Ihr Zimmer aussehen werden.

Es werden noch viele weitere Fragen zur Astralprojektion gestellt, aber diese drei sind die wichtigsten für Ihre Reise auf der Astralebene.

Im nächsten Kapitel erfahren Sie, wie Sie sich vor gefährlichen Wesenheiten auf der Astralebene schützen können.

Kapitel Zehn: Mie man sich selbst auf der Astralebene schützt

Immaterielle Wesenheiten leben auf der Astralebene. Einige dieser Wesen leben dort nicht einmal, sondern besuchen sie, genau wie Sie auch. Sie werden dort zwar netten und wohlwollenden Wesen wie Engeln und Geistführern begegnen, aber auch böswillige Kreaturen können auf Sie zukommen. Daher ist es wichtig, dass Sie sich während der Astralreise gut schützen und bewaffnen. Ohne die richtigen Schutzmaßnahmen und Gegenstände können Sie einem bösartigen Geist begegnen, der Sie entweder austrickst, Ihnen Angst macht oder Ihren Verstand durcheinanderbringt. Geister auf der Astralebene können Sie zwar nicht physisch verletzen, aber sie können Ihren Energiekern durch Ihre Fähigkeiten schädigen. Die Astralebene setzt sich aus verschiedenen Ebenen auseinander. Mehrere Wesenheiten und Geister wohnen auf dieser Ebene. Sie wird in zwei Ebenen unterteilt: die niedere Astralebene und die höhere Astralebene.

Die untere Astralebene ist das Lagerhaus für alles Böse und für alles, was die Menschen fürchten. Dies ist die erste Ebene, die Sie erreichen werden. Um in die höheren Bereiche des Astralreichs zu gelangen, müssen Sie die untere Ebene durchqueren, auf der Sie am ehesten Gefahren in jeglicher Form begegnen könnten. Wenn Ihre Astralform sehr mächtig ist und ein immer leuchtendes Licht in sich trägt, können Ihnen bösartige Geister aus der unteren Ebene trotzdem in die höhere Ebene folgen. Sie müssen einfach nur dem Leuchten Ihrer Astralform folgen.

Sie können Ihre tiefsten Ängste auf der unteren Astralebene antreffen. Einige der Wesenheiten, die Sie in Filmen sehen, sind real, und können Ihnen in der unteren Ebene begegnen. Von Dämonen über Phantomen bis hin zu bösen Geistern finden Sie all die Wesen, die Ihre Knie zum Zittern bringen, in der unteren Astralebene. Das ist nicht weiter verwunderlich, denn Sie wissen ja bereits, dass die untere Astralebene der Hort des Bösen ist. Die niedrig schwingenden Wesenheiten in der unteren Ebene folgen Ihnen vielleicht, um das Licht und die Energie aus Ihrer Astralform zu stehlen und es Ihnen zu entziehen. Dabei bewegen Sie sich wie Ameisen zum Zucker. Noch schlimmer wird es, wenn Sie ihnen erlauben, Angst und Unsicherheit in Ihnen festzustellen. Mit den folgenden fünf hilfreichen Tipps können Sie sich in Ihrer neuen Rolle als Astralprojektor schützen.

Erhöhen Sie Ihre Vibration

Wesenheiten in der unteren Astralebene werden von Ihren Ängsten und Zweifeln mehr als alles andere angezogen. Sie werden von Emotionen angezogen, die eine negative Schwingungsenergie ausstrahlen. Daher ist die Anhebung Ihrer Schwingungen auf ein möglichst hohes Niveau ein wirksames Mittel, um sie von sich fernzuhalten. Wenn Ihre Schwingungen auf dem höchsten Niveau sind, ist es für Wesenheiten niedrigerer Ebenen schwierig, Sie zu sehen oder sich auf Sie zuzubewegen. Genauer gesagt, lädt eine höhere Schwingung auch andere höher schwingende Wesen zu Ihnen ein, und Sie können mit diesen Wesen interagieren. Unabhängig davon bedeutet die erhöhte Schwingung, dass Ihr Licht sehr hell leuchtet, was die Wesenheiten der niedrigeren Schwingung weiterhin anziehen kann. Seien Sie also trotz der erhöhten Schwingungen weiterhin vorsichtig.

Vermeiden Sie Probleme

Das Vorbeugen vor Problemen ist aus guten Gründen immer besser als wenn man Sie im Nachhinein beheben muss. Eine der wirksamsten Möglichkeiten, sich vor den Wesenheiten der niederen Astralebene zu schützen, besteht darin, jeden Kontakt mit ihnen zu vermeiden. Meiden Sie also, wenn Sie können, die niederen Wesenheiten ganz. Wenn Sie sich auf einen Besuch der Astralebene vorbereiten, gibt Ihnen Ihre Intuition in den meisten Fällen einen Hinweis darauf, was Sie zu diesem Zeitpunkt in der Astralebene erwarten könnte. Wenn Ihr Körper das Gefühl hat, dass etwas nicht stimmt, ist es besser, den Termin auf einen anderen Tag zu verschieben. Manchmal bekommen Sie aber auch keine Vorwarnung. Wenn Sie jedoch die Astralebene erreichen und spüren, dass ein niederes reales Wesen auf Sie zukommt oder Ihnen auflauert, sollten Sie versuchen, einen anderen Weg einzuschlagen oder einfach in die materielle Ebene oder Ihren physischen Körper zurückzukehren. Sie können in Ihren Körper zurückkehren, aufwachen und erstmal eine Weile abwarten, bevor Sie versuchen, erneut auf die Astralebene zurückzukehren. Gehen Sie nicht zurück, wenn Sie nicht sicher sind, dass das Wesen wirklich weg ist. Normalerweise bleiben die immateriellen Wesenheiten nicht allzu lange an einem Ort, da sie immer den nächsten ahnungslosen Astralbesucher finden, um ihre Energie abzusaugen.

Wenn ein Wesen von Ihrem Licht angezogen wird und sich in Ihre Richtung bewegt, laufen Sie vorsichtshalber weg. Gehen Sie auf eine andere Ebene oder betreten Sie die primäre materielle Ebene. Wenn es sein muss, begeben Sie sich zurück in Ihren physischen Körper. Lassen Sie dem Wesen keinen Raum, um Sie zu überholen oder einzuholen. Je schneller Sie aus seinem Blickfeld verschwinden können, desto besser ist es für Sie. Wenn Sie sich beeilen und ihnen weit voraus sind, werden die bösen Geister höchstwahrscheinlich aufhören, Sie zu verfolgen. Dann können Sie Ihre Reise in Ruhe fortsetzen.

Kämpfen und sich Hilfe suchen

Wenn die oben genannten Schritte fehlschlagen, müssen Sie möglicherweise gegen jedes Wesen kämpfen, das versucht, Ihnen Ihr Licht zu entziehen. Ein Kampf in der Astralform unterscheidet sich von dem, was Sie sich üblicherweise von einem Kampf aus der physischen Ebene vorstellen. Hier geht es darum, dass Sie Ihren Geist schützen, der auch das Einzige ist, was Sie als Waffe auf der Astralebene haben. Visualisieren Sie mithilfe Ihres Geistes einen Panzer aus Licht, der Sie umgibt und erzeugen Sie ihn entschlossen. Um noch einen Schritt weiterzugehen, erschaffen Sie sich auch noch ein Astralschwert, wenn Sie schon dabei sind. Auf der Astralebene kann ein Panzer aus Licht nur aus Ihren eigenen Energieressourcen heraus erschaffen werden, indem Sie die Kraft des Glücks, der Liebe und des Mitgefühls nutzen. Diese soll Ihnen als Schutzschild dienen. Um einen Lichtpanzer geistig zu beschwören, müssen Sie sich auf Gedanken der Liebe, des Glücks und der Gelassenheit konzentrieren. Gleichzeitig müssen Sie positive Affirmationen einsetzen, um sich zu versichern, dass Sie wirklich von einem Schild aus Licht umgeben sind. Dies ist derselbe Prozess, den Sie benutzen können, um Ihre eigene astrale Liebe zu erschaffen. Der entscheidende Unterschied besteht darin, dass Sie aus der inneren Liebe schöpfen müssen, um ein Schwert des Lichts zu beschwören, das stark genug ist, um niedere Schwingungswesen aus der unteren Astralebene zu bekämpfen.

Wenn ein Wesen sich Ihnen nähert oder Sie angreift, haben Sie keine Angst davor, es ebenfalls anzugreifen. Befreien Sie sich von der Angst und konzentrieren Sie sich auf Ihr Bedürfnis nach Frieden und Ruhe. Sollten Sie das Wesen mit Ihrem Astralschwert erstechen, wird es die volle Wirkung Ihrer Liebe spüren und schließlich verschwinden oder sich allmählich zurückziehen. Wenn die Wesen versuchen, Sie anzugreifen, wird Ihre Astralform durch Ihren Lichtpanzer abgeschirmt, wodurch Sie weiterhin in Sicherheit sind.

Allerdings kann es vorkommen, dass die Geister Sie unvorbereitet antreffen, was bedeutet, dass Sie Schwierigkeiten haben werden, die Rüstung des Lichts und Ihr Astralschwert schnell genug zu erschaffen. In diesem Fall besteht Ihre andere Möglichkeit darin, höher schwingende Wesenheiten um Hilfe zu bitten. Engel und Geistführer stehen bereit, um Ihnen im Bedarfsfall zu helfen. Sie können Ihnen dabei helfen, bösartige Geister fernzuhalten. Da sie mit der Astralebene besser vertraut sind und die Wesenheiten kennen, mit denen sie diese Ebene teilen, können Engel und Geistführer die Situation wahrscheinlich besser meistern als Sie.

Fünf Dinge, die Ihnen dabei helfen können, Ihre Vibrationen zu erhöhen

Wenn Sie mit regelmäßiger Astralprojektion beginnen, werden Sie mehr und mehr damit vertraut, was Schwingungen sind. Selbst wenn Sie nicht verstehen können, was Schwingungen sind, werden Sie sie jedes Mal spüren, wenn Sie sich auf der Astralebene befinden. Sie brauchen ein hohes Maß an Schwingungen, um in der Astralebene bestehen bleiben zu können. Schwingungen sind jedoch keinesfalls etwas, das Sie einfach nach Belieben erhöhen können. Um Ihr Schwingungsniveau zu erhöhen, müssen Sie auch in Ihrer physischen Form geübt werden und Sie müssen sich angestrengt haben. Andernfalls werden Sie Ihre Schwingungen nicht als Schutz nutzen können, wenn der Moment kommt, in dem Sie sich vor einem bösen Geist auf der Astralebene schützen müssen. Um Ihren Geist und Körper auf eine heilsame Astralerfahrung vorzubereiten, finden Sie im Folgenden Tipps, die Ihnen helfen sollen, Ihre Schwingungen auf der physischen und astralen Ebene zu erhöhen.

1. *Seien Sie dankbar.* Die Dankbarkeit ist ein sehr wichtiges Gefühl, das die meisten Menschen leider unterschätzen. Dankbarkeit ist einer der schnellsten Wege, um Ihre Schwingungen zu erhöhen. Außerdem ist es etwas, das Sie sofort tun können - sogar während Sie dieses Buch lesen. Schauen Sie sich um und finden Sie etwas, für das Sie dankbar sind. Das mag Ihnen zwar schwerfallen, aber Sie werden überrascht davon sein, für wie viele Dinge Sie in einem einzigen Moment dankbar sein können. Sei es der Atem, die Unterkunft oder das Bett, in dem Sie liegen – seien Sie dankbar für Dinge, die Ihnen wichtig sind. Schauen Sie sich die schönen Wolken an und seien Sie dankbar für sie. Die Dankbarkeit ist eine hochenergetische Emotion, weshalb sie als Quelle für die Erhöhung Ihrer Schwingung dienen kann. Wann immer Sie spüren, dass Sie eine niedere Emotion erleben, lenken Sie einfach Ihren Fokus von dieser Emotion ab, indem Sie etwas finden, wofür Sie dankbar sind. Machen Sie sich Dankbarkeit zur Gewohnheit, und Ihr spirituelles Bewusstsein wird sich erweitern.

2. *Lieben.* Denken Sie an jemanden in Ihrem Leben, der leicht zu lieben ist. Stellen Sie sich diese Person dabei vor, wie sie bei Ihnen sitzt, und beobachten Sie, wie Sie sich dabei fühlen. Wenn Sie an sie denken, sollten Sie ein Gefühl der Leichtigkeit und des Glücks in Ihrer Seele breit machen, und Sie haben vielleicht das Gefühl, dass sich Ihr Herz ausdehnt. So bekommen Sie die Veränderung, die Sie sich so sehr wünschen. Die Liebe ist eine der grundlegenden menschlichen Emotionen und eines der Gefühle, die Sie in den höchstschwingenden Zustand versetzen können. Sie kann Sie aus den dunkelsten Tiefen herausziehen. Bringen Sie Ihrer Seele die Liebe bei, nähren Sie sie mit Liebe, und Sie werden mit einer hohen Schwingung aufgeladen.

3. *Seien Sie großzügig.* Die Großzügigkeit ist ein weiteres starkes Gefühl, das Ihre Schwingung erhöhen kann. Habgier oder Geiz sind niedere schwingende Gefühle, die dazu führen, dass Sie sich schlecht fühlen. Mit diesen tun Sie sich keinen Gefallen. Wenn Sie Ihr Glück an etwas Äußeres wie Geld, Aufmerksamkeit oder Liebe knüpfen, bewirken Sie dadurch das Gegenteil von dem, was Sie wirklich wollen und sich wünschen. Der Schlüssel zu einem guten Selbstwertgefühl ist die Großzügigkeit. Wenn Sie fühlen, wie Sie gerne leben möchten, versetzt das Ihren Körper in einen konstanten Schwingungszustand, der in der Astralebene hilfreich sein kann. Wenn Sie das Gefühl haben, dass Sie sich mehr im Leben wünschen, geben Sie diesen Eindruck an jemand anderen weiter. Wenn Sie das Gefühl haben, dass Sie kein Geld haben, ist das der beste Zeitpunkt, um etwas von ihrem Geld an andere zu spenden. Wenn Sie sich einsam fühlen, ist es der richtige Zeitpunkt, einer anderen Person das Gefühl zu geben, dass Sie ihre Gesellschaft genießen, indem Sie sie zum Lächeln bringen. Wenn Sie das Gefühl haben, dass die Zeit zu knapp ist, investieren Sie einige Stunden in eine gute Sache. Wenn man solche Dinge tut, lernt man, dass es mehr im Leben gibt als das, wovon man glaubt, nicht genug zu haben.

4. *Vergeben Sie.* Schuld ist eine der Emotionen, die niedrig schwingende Energie ausstrahlen. Die Vergebung ist das direkte Gegenteil von Schuldgefühlen. Wenn Sie immer auf Vergebung hinarbeiten, werden Sie von der niederen Energie der Schuld befreit, und Ihre Schwingungen steigen an. Lernen Sie auch, wie Sie Menschen vergeben und deren Fehler vergessen können, wenn Sie es schaffen. Wenn Sie Menschen vergeben, wird sich das Gefühl der Schuld, das Sie belastet, langsam auflösen, und Ihr Herz und Ihr Körper werden sich leichter als sonst anfühlen. Beginnen Sie also damit, anderen zu vergeben, anstatt ihnen die Schuld für Ihre eigenen Probleme zu geben. Die Vergebung bietet Ihnen eine Möglichkeit, sowohl sich selbst als auch den Menschen zu helfen, denen Sie vergeben.

5. *Meditieren Sie regelmäßig.* Je ausgeglichener Sie sind, desto höher ist Ihr Schwingungsniveau. Die Meditation ist eine Möglichkeit, mit der Sie sich darin üben können, im Moment zu leben und präsent zu sein. Je mehr Sie sich in der Kunst der Meditation üben, insbesondere in der Achtsamkeitsmeditation, desto höher wird Ihr Bewusstseinszustand. Die Vergangenheit ist ein Hirngespinst, ebenso wie die Zukunft. Die Gegenwart jedoch ist das Hier und Jetzt, und sie sagt Ihnen nur die Wahrheit. Die Meditation hilft Ihnen sehr, Ihr Schwingungsniveau schnell so weit zu erhöhen, dass Sie immaterielle Astralwesen bekämpfen können, wenn sie Ihnen begegnen.

Wenn Sie diese Emotionen in Ihr Leben mit einbeziehen, wird sich jeder Aspekt Ihres Lebens verbessern, nicht nur Ihr spirituelles Selbst. Machen Sie sich die Meditation also zur Gewohnheit und betrachten Sie sie nicht nur als Mittel zum Zweck.

Elftes Kapitel: Begegnung mit Geistführern und andere Astralreiseabenteuer für Fortgeschrittene

Wie Sie nun wissen, beherbergt die Astralebene auch viele wohlwollende Geister. Einige dieser Geister sind da, um Ihnen zu helfen, wenn Sie sie brauchen, und dienen als Ihre Lehrer, um Ihren Geist den wahren Realitäten des Universums zu öffnen. Normalerweise bekommt jeder Astralprojektor einen bestimmten Geistführer - einen, der mit Ihrem Geist verbunden ist. Die Geistführer sind jedoch in der Regel nicht nur einzelne Wesen; Sie können beispielsweise mehr als drei Geistführer gleichzeitig haben. Der eine Führer, den Sie am häufigsten sehen, ist Ihr Hauptgeistführer. Manche Geistführer sind nur für einen kurzen Moment in Ihrem Leben da, um Ihnen zu helfen, während andere Sie bis zum Ende der Zeit begleiten werden. Manche Geistführer kommen nur, um Sie eine oder zwei Lebenslektionen zu lehren und Ihnen bei einer Aufgabe zu helfen, insbesondere bei spirituellen Aufgaben. Es wurden bereits mehrere Bücher darüber geschrieben, wie Sie Ihre Geistführer kontaktieren können, wann immer Sie sie brauchen, aber das ist nicht der Schwerpunkt dieses Buches. Wenn Sie die astrale Dimension besuchen, treffen Sie Ihre Geistführer. Aber was passiert, wenn man seinen Geistführern begegnet? Und wie sind Geistführer wirklich? Dies sind einige der Fragen, die sich

Menschen immer wieder stellen, bevor Sie ihre Geistführern auf der Astralebene antreffen.

Zunächst einmal sollten Sie wissen, dass Ihr Geistführer viele Erscheinungsformen haben kann, aber dass er kein Engel ist. Viele Menschen nehmen an, dass Geistführer und Engel dasselbe sind. Geistführer sind nicht automatisch Engel. Der Hauptunterschied zwischen Engeln und Geistführern besteht darin, dass Geistführer inkarnierte Wesen sind, während Engel sich nie inkarniert haben. Geistführer werden auch in verschiedene Kategorien eingeteilt, wie z. B. Heilungsführer, Lehrführer und Meisterführer. Manche Menschen glauben, dass Engel wichtigere Dinge zu tun haben, als jemanden zu heilen oder Weisheiten über das Leben zu lehren. Diejenigen, die so denken, haben teilweise recht, aber die Sache ist nicht ganz so einfach. Beispielsweise gibt es Menschen, die davon berichtet haben, dass Ihre Geistführer Engel sind, und das ist in Ordnung.

Es geht in diesem Kapitel darum, Ihnen zu helfen, den Unterschied zwischen den verschiedenen Arten von Führern auf der Astralebene und deren Rolle in Ihrem Leben zu verstehen.

Es ist nicht ungewöhnlich, dass Sie auf der Astralebene verstorbenen geliebten Menschen begegnen, die Ihnen als Geistführer dienen können. Wenn Sie auf der Astralebene einem verstorbenen geliebten Menschen begegnen, seien Sie nicht überrascht, denn die Person könnte sich entschieden haben, über Sie zu wachen und Sie von der anderen Seite zu beschützen. Bei vielen Menschen handelt es sich dabei in der Regel um ihre Großeltern. Manchmal können Ihre Vorfahren - Menschen, die Sie noch nie in Ihrem Leben getroffen haben - Ihre Geistführer werden. Sie haben sich vor vielen Generationen dazu entschlossen, als Geistführer für Menschen aus ihrer Blutlinie zu dienen. Auch wenn Sie sie nicht kennen, sollten Sie keine Angst davor haben, sich von ihnen helfen zu lassen, denn solche Wesen haben keine bösen Absichten. Auch Freunde aus Ihrem früheren Leben können als Geistführer dienen. Sie haben sich vielleicht dafür entschieden, sich zu inkarnieren, um dieses eine Leben zu leben und den Rest ihres Lebens auf der Astralebene zu genießen. Dadurch erhalten sie die Macht, Ihnen von der anderen Seite aus zu helfen. Auf der Astralebene gibt es keine zeitlichen Begrenzungen oder Einschränkungen. Deshalb kann es sein, dass Sie jemandem aus Ihrem früheren Leben begegnen, das 3.000 Jahre zurückliegt. Vielleicht sehen Sie sogar jemanden, den Sie zum Beispiel im alten Camelot kannten. Das passiert vielen Menschen. Eine

Person hat sogar schonmal davon erzählt, dass sie einen alten Freund aus einem früheren Leben im alten Rom getroffen habe.

Vielleicht begegnen Sie auch allgemeinen geistigen Helfern - Menschen, die weder in der Vergangenheit noch in der Gegenwart mit Ihnen verbunden sind. Sie kennen sie also nicht, aber sie haben sich trotzdem entschieden, über Sie zu wachen und Ihnen zu helfen, das Universum in die richtige Richtung zu navigieren. Manchmal erscheinen sie auch nur, um Ihnen bei einer Aufgabe zu helfen, an der Sie bereits arbeiten, weil sie über ein tiefes Wissen zu diesem Thema verfügen. Engel dienen manchmal auch als Geistführer. Offensichtlich sind sie nicht zu beschäftigt, um Menschen zu helfen, die ihre Hilfe brauchen. Aufgestiegene Meister sind ebenfalls Geistführer. Sie sind höhere Wesen, die schon einmal inkarniert haben. Aufgestiegene Meister sind diejenigen, die den Gipfel der Erleuchtung erreicht haben. Ein Beispiel für einen aufgestiegenen Meister ist der Buddha. Ja, Sie können den Buddha auf der Astralebene treffen, wenn er zufällig in der Nähe ist. Andere Wesenheiten, denen Sie in der höheren Astralebene begegnen können, sind elementare Wesen, Gottheiten, Außerirdische und Geisttiere.

Die Faktoren, die bestimmen, wer Ihr Geistführer ist

Es ist schwer zu sagen, wen Sie als Geistführer bekommen werden, da dies von mehreren ausschlaggebenden Faktoren abhängt. Zum Beispiel ist es sehr unwahrscheinlich, dass ein Experte für esoterische Heilfähigkeiten und spirituelle Aufgaben eines seiner Familienmitglieder als Geistführer bekommt. Das liegt daran, dass solche Personen bereits über ein umfangreiches Wissen verfügen und jemanden mit höherem Wissen als Geistführer benötigen. Die vier Faktoren, die bei der Auswahl des Geistführers eine Rolle spielen, sind:

- Energetischer Fingerabdruck
- Wissensstand
- Beziehungsbasierte Bindungen
- Vor-Inkarnationsvertrag

Energetischer Fingerabdruck

Ein energetischer Fingerabdruck enthält alles, was Sie über sich selbst als Energiewesen wissen wollen. Er ist die Blaupause Ihres Wesens, die alles Wissen über Ihre energetische Beschaffenheit enthält. Der energetische Fingerabdruck enthält Informationen über Ihren Seelenarchetyp, Ihre Chakren, Aurafarben und Elemente. Jeder Mensch hat einen energetischen Fingerabdruck, der für ihn einzigartig ist. In der Astralwelt erkennen die Geister Sie an Ihrem energetischen Fingerabdruck. Nicht alle Wesen in den höheren Sphären haben Namen. Manche wissen nicht einmal, was Namen sind. Sie müssen eine Möglichkeit finden, um sich mit ihnen zu identifizieren. Wenn Sie einen Geistführer bekommen, der nicht aus Ihrem früheren oder jetzigen Leben stammt, dann liegt das daran, dass Ihr Energiewert mit dem Energiewert dieses Führers übereinstimmt. In der Astralwelt ziehen sich ähnliche Wesen an. Vielleicht haben Sie vergleichbare Gemeinsamkeiten mit dem Geistführer, den Sie bekommen, oder es könnte sein, dass Ihre Aurafarben einfach zueinander passen.

Wissensstand

Sie erhalten Führer, die Ihrem Wissensstand über die Astralebenen und das Universum entsprechen. Wenn Sie noch ein Anfänger in Sachen Astralreisen sind, können Sie nicht erwarten, einen fortgeschrittenen Führer zu bekommen, der Ihnen unendliche Weisheit über das Universum vermitteln kann. Der/die Führer, den/die Sie bekommen, ist/sind in der Lage, Ihnen etwas auf der Ebene Ihres spirituellen Wissens beizubringen, um Ihr Wachstum zu erleichtern. Die Schwingung kann in dieser Hinsicht auch ein Faktor sein. Sie bekommen auch Führer, die mit Ihrer Schwingungsebene übereinstimmen. Wenn Sie ein Amateur-Astralreisender sind, können Sie keinen Professor als Ihren Geistführer verlangen. Sie bekommen stattdessen jemanden, der zu Ihrem Niveau passt.

Beziehungsbasierte Bindungen

Das bedeutet natürlich, dass Sie Menschen suchen, zu denen Sie eine Bindung oder ein Band haben. Sie müssen nicht unbedingt blutsverwandt sein; es kann sich auch einfach um jemanden handeln, mit dem Sie früher schonmal emotional verbunden waren. Ihre verstorbenen Angehörigen, frühere Leben, Freunde und Vorfahren sind alles Menschen, die Sie aufgrund der Beziehung, die Sie zu ihnen haben, antreffen können.

Vor-Inkarnationsvertrag

Das ist ganz einfach. Wenn man inkarniert, bekommt man nicht gleich eine ganze Seelengruppe zugewiesen. Einige Wesen beschließen, in den spirituellen Welten zurückzubleiben, um anderen zu helfen. Einige der Menschen, denen man als Geistführer begegnet, sind also manchmal Menschen, die vor ihrer Inkarnation einen Vertrag geschlossen haben, um über Sie zu wachen, während Sie auf der Erde sind. Es handelt sich um eine Art Vereinbarung, die mit Ihrer Seele getroffen wurde, und sie haben keine andere Wahl, als die Bedingungen dieser Vereinbarung zu erfüllen.

Abgesehen von der Begegnung mit Ihren Geistführern gibt es noch andere Abenteuer, die Sie in der Astralebene erleben können. Eines davon ist der Zugang zu den Akasha-Aufzeichnungen.

Zugang zu den Akasha-Aufzeichnungen

Die Akasha-Aufzeichnungen enthalten Informationen über alles, was jemals war und jemals sein wird. Jeder Mensch hat sein eigenes Buch in den Akasha-Aufzeichnungen: eine Summe seiner gesamten menschlichen Erfahrung. Die Aufzeichnungen werden als eine unendliche Bibliothek beschrieben. Von der materiellen Ebene oder der physischen Welt aus kann man nicht auf die Akasha zugreifen, aber es wird angenommen, dass man es kann, wenn man sich in seiner Astralform befindet. Die Akasha befindet sich auf der ätherischen Ebene. Der Besuch der Akasha-Aufzeichnungen, um Informationen über Ihre Vergangenheit - und möglicherweise Ihre Zukunft - herauszufinden, ist eines der Abenteuer, die Sie erleben könnten, wenn Sie sich in Ihrer Astralform befinden. Aus der Vergangenheit wissen wir, dass nur Menschen, die für würdig befunden wurden, Zugang zu den Akasha-Aufzeichnungen haben. Daher ist dies nichts, was Sie bei Ihren ersten Besuchen in der Astralwelt tun können.

Der Zugang zu den Akasha-Aufzeichnungen in Astralform ist möglich, weil die Astralebene ein Ort des Willens ist, an dem Sie Ihren Verstand benutzen, um die Dinge zu bitten, die Sie sich wünschen. Wenn Sie es wünschen, können Sie sich selbst von der Astralebene zu den Akasha-Aufzeichnungen bringen. Bevor Sie dies versuchen, sollten Sie Ihre Absicht für die Astralreisen festgelegt haben. Denken Sie daran, dass Sie immer ein Ziel haben müssen, wenn Sie astral projizieren, also setzen Sie sich das Ziel „die Halle der Aufzeichnungen" zu erreichen, und zwar immer, wenn Sie eine Astralreise planen. Dadurch könnten Sie eines Tages die Akasha-Aufzeichnungen erreichen. Dieses Vorhaben sollte als spezifisches Ziel in Ihrem Geist verankert sein, und es sollte nichts anderes geben, an das Sie denken. Nun, da Sie dies wissen, müssen Sie erfahren, wie Sie die Akasha-Aufzeichnungen erreichen können?

Wie üblich, müssen Sie die Astralprojektionstechnik anwenden, die für Sie am besten funktioniert, um sich in Ihre Astralform zu projizieren. Sobald sich das Astralwesen von Ihrem physischen Körper getrennt hat, können Sie sich selbst in die Halle der Aufzeichnungen projizieren, indem Sie sich die folgende Formulierung in den Geist rufen: „Ich möchte zu den Akasha-Aufzeichnungen/der Halle der Aufzeichnungen gehen." Sie müssen es nicht genau so sagen, aber der Inhalt des Satzes sollte etwa in diese Richtung gehen. Sobald Sie es wollen, werden Sie sich in der Halle wiederfinden, mit einem Gefühl, als ob Sie träumen. Da die Hauptkommunikationsform in der Astralform der Verstand ist, muss alles, was Sie in der Halle der Aufzeichnungen finden wollen, von Ihrem Verstand gewollt werden.

Tipps für den Zugriff auf die Akasha-Aufzeichnung

- *Formulieren Sie in Gedanken Ihre Absicht, zu den Akasha-Aufzeichnungen zu kommen.* Natürlich sollten Sie schon darüber nachgedacht haben, bevor Sie überhaupt in der Halle ankommen. Versuchen Sie nicht, die Halle zu betreten, bevor Sie einen eindeutigen Grund für den Besuch haben. Was wollen Sie wissen? Wobei könnte Ihnen das Wissen um diese Sache helfen? Wenn Sie nicht genau wissen, wonach Sie in den Akasha-Aufzeichnungen suchen, kann das zu einer schlecht organisierten Suche führen - was bedeutet, dass Sie vielleicht keine hilfreichen Informationen finden werden. Ein Beispiel für einen möglichen Grund dafür, die Akasha-Aufzeichnungen zu durchsuchen, könnte der sein, herauszufinden, wohin sich Ihre derzeitige Beziehung zu Ihrem Partner entwickeln wird.
- *Bevor Sie Ihre Astralform annehmen, können Sie sich bestimmte Fragen aufschreiben, auf die Sie in den Akasha-Aufzeichnungen nach Antworten suchen wollen.* Schreiben Sie eine Liste mit den Dingen, die Sie wissen wollen, und mit den

Fragen, die Sie stellen wollen. Formuliere sie alles so spezifisch wie möglich. Sie könnten zum Beispiel fragen: „Was war meine Aufgabe in meinem letzten Leben? Besteht ein Zusammenhang mit meinem derzeitigen Beruf in meinem jetzigen Leben?" Sie können sich auch Fragen stellen, die sich darauf beziehen, wo Sie früher gelebt oder welchen Beruf Sie früher ausgeübt haben.

- *Stellen Sie keine vagen oder irrelevanten Fragen, wenn Sie in der Halle der Aufzeichnungen sind.* Stellen Sie Fragen, die Ihnen helfen können, Lösungen für Probleme zu finden, die Sie in Ihrem jetzigen Leben haben. Stellen Sie Fragen, die Ihnen helfen können, Entscheidungen zu treffen, die Ihr ganzes Leben beeinflussen könnten. Wenn Sie mit einem bestimmten Problem konfrontiert werden und keine Lösung in Sicht ist, fragen Sie nach der besten Lösung. Sie könnten zum Beispiel fragen: „Ich überlege gerade, ob ich meinen Job kündigen sollte, um mich meiner Leidenschaft zu widmen, aber ich weiß nicht, ob das eine gute Entscheidung wäre."

- *Stellen Sie nicht mehr als eine Frage auf einmal.* Denken Sie daran, dass Ihr Verstand Ihr Kommunikationsmittel in der Halle der Aufzeichnungen ist. Sprechen Sie also nicht laut, sondern denken Sie nur über Ihre Frage nach. Wenn Sie jeweils nur eine Frage stellen, ist es einfacher, klare Antworten zu erhalten. Konzentrieren Sie sich jeweils auf ein Thema, das Sie wirklich interessiert. Stellen Sie zum Beispiel Fragen zu Ihrer Beziehung, bevor Sie zu Fragen über Ihre Karriere, Ihre Gesundheit oder andere Themen übergehen, die Sie ebenfalls interessieren könnten.

- *Entspannen Sie sich, während Sie sich in den Akasha-Aufzeichnungen befinden, damit Sie nicht aus Ihrer Astralform herausgerissen werden, bevor Sie die Antworten auf Ihre Fragen erhalten haben.* Atmen Sie gelegentlich tief durch, während Sie in der Halle sind. Bleiben Sie ruhig und halten Sie Ihre Gefühle im Zaum. Seien Sie nicht zu aufgeregt oder ängstlich, um die Antworten zu bekommen, die Sie suchen.

Wie finden Sie dann die Informationen, die Sie brauchen, wenn Sie Zugang zu den Akasha-Aufzeichnungen erhalten haben?

- *Denken Sie laut nach und bitten Sie darum, Ihr Buch in der Halle der Aufzeichnungen einsehen zu dürfen.* Wenn Sie möchten, können Sie laut darum bitten, indem Sie etwas in der Art von „Ich suche Informationen über meine Vergangenheit" sagen. „Darf ich bitte auf mein Buch zugreifen, um die Informationen zu finden, die ich suche?" Nachdem Sie diese Frage gestellt haben, atmen Sie tief ein und machen Sie Ihren Geist ganz frei. Seien Sie nicht überrascht, wenn Sie nicht sofort eine Antwort erhalten. Es kann sein, dass Sie mehr als einmal fragen müssen, bevor Sie Zugang zu Ihren Aufzeichnungen erhalten.
- *Warten Sie.* Sie können nichts anderes tun, als darauf zu warten, dass die Informationen, die Sie suchen, Ihnen gewährt werden. Im Gegensatz zu dem, was Sie in Filmen gesehen haben, kommen höhere Wesen nicht einfach zwischen den Regalen hervorgeschwebt und reichen Ihnen Ihr Buch! Stattdessen werden die Informationen in Ihrem Bewusstsein erscheinen. Atmen Sie weiterhin tief durch, während Sie auf das warten, was Sie suchen. Beachten Sie dabei, dass die Informationen auf unterschiedliche Weise über Ihre fünf Sinne kommen können. Sie könnten beispielsweise etwas sehen, schmecken, riechen, fühlen oder hören. In der Akasha-Halle werden die Botschaften über die Sinne übermittelt. Wenn Sie zum Beispiel fragen, wohin Ihre gegenwärtige Beziehung führen wird, sehen Sie vielleicht die Form eines Rings vor Ihrem geistigen Auge, was wahrscheinlich bedeutet, dass sie in einer Ehe enden wird. Oder Sie schmecken etwas Süßes wie Kuchen, was das Gleiche bedeuten könnte.
- *In manchen Fällen können Sie die Anwesenheit eines höheren Wesens sofort spüren.* Je nach dem Grad Ihrer hellseherischen Fähigkeiten können Sie dieses Wesen vielleicht sogar sehen. Wenn Sie jemanden in Ihrer Nähe spüren, stellen Sie sich noch einmal laut vor und stellen Sie Ihre Frage erneut. Das höhere Wesen könnte der Hüter Ihrer Aufzeichnungen sein oder jemand, der nur da ist, um eine andere Aufgabe zu erfüllen. Wie auch immer, stellen Sie einfach Ihre Frage, und das Wesen wird Ihnen vielleicht weiterhelfen.

- *Wenn es Ihnen gelungen ist, auf Ihre Aufzeichnungen zuzugreifen, können Sie sich wieder nach Hause zurückbeamen.* Sobald Sie wieder in Ihrer physischen Körperform gelandet sind, müssen Sie die Informationen, die Sie erhalten haben, interpretieren. Nehmen Sie sich dazu einen Stift und ein Blatt Papier und beginnen Sie, die Informationen zu entziffern, die man Ihnen mitgeteilt hat. Manchmal müssen Sie die Akasha-Aufzeichnungen mehrere Male besuchen, bevor Sie die vollständige Antwort auf eine Frage erhalten.

Sie können die oben genannten Schritte jederzeit wiederholen, um Ihre Vergangenheit in der Ahnengalerie weiter zu erforschen. Sie können Ihre Besuche wöchentlich oder alle zwei Wochen machen. Denken Sie daran, immer nur ein Thema auf einmal zu behandeln, wenn Sie die Akasha-Aufzeichnungen aufrufen.

Kann man Sex auf der Astralebene haben?

Astralsex ist zu einer Art Trend geworden, von dem immer mehr Menschen berichten. Wahrscheinlich sind Sie bereits mit den Gefühlen und Empfindungen, die bei körperlichem Sex entstehen vertraut. Dennoch wussten Sie wahrscheinlich nicht, dass Sie auch außerhalb Ihres Körpers Geschlechtsverkehr haben können - und dass es Menschen gibt, die sagen, dass diese Art von Sex sogar besser ist als körperlicher Sex. Ob das stimmt, können Sie aber erst wissen, wenn Sie es selbst ausprobiert haben. Wenn Sie dazu in der Lage sind, gibt es einen ganzen Teil des Astralreichs, der denjenigen gewidmet ist, die sexuelles Vergnügen genießen wollen, ohne es auf die übliche Weise tun zu müssen.

Astralsex wird auch als nicht-körperlicher Sex bezeichnet, und es gibt mehrere Möglichkeiten, auf die Sie ihn ausüben können. Sie können sich für Traumsex entscheiden, wobei Sie Sex mit einer Traumfigur Ihrer Wahl haben. Sie können Ihre Astralform annehmen und mit einer anderen Person Sex haben, während diese noch immer in ihrer körperlichen Form ist. Oder Sie können Ihren Partner dazu bringen, mit Ihnen auf die Astralebene zu gehen und dort gemeinsam Ihre ungezügelte Leidenschaft zu entfesseln. Alles hängt von der Wahl ab, die Sie treffen wollen.

Traumsex

Es ist sicher und völlig normal, dass Sie manchmal im Traum Sex haben. Und nur weil es im Traum geschieht, heißt das nicht, dass Sie sich dadurch nicht Vergnügen können. Es geht dabei nur um Sie und die Traumfigur, die Sie in Ihrem Unterbewusstsein entwickeln. Dies wird möglich, wenn Sie erfolgreich einen Zustand des luziden Träumens herbeiführen. So angenehm das Gefühl auch ist, Sie müssen es nicht tun, wenn es nicht etwas ist, das Sie wirklich wollen.

Astral und körperlicher Sex

Beim Astral und körperlichen Sex befindet sich eine Person in ihrer physischen Form und die andere Person befindet sich außerhalb des Körpers. Wenn Sie beide bereits zugestimmt haben, müssen Sie nur in Ihre Astralform eintreten und dann Ihre Astralform dorthin fokussieren, wo sich der physische Körper der anderen Person befindet, während sie schläft. Dann entsenden Sie Ihre Energie einfach auf die andere Person, da Sie ihre Astralform wahrnehmen können, und senden Sie sexuelle Gedanken in ihr Energiefeld. Das wird dazu führen, dass Sie ein sexuelles Gefühl der Glückseligkeit erleben, die einem Orgasmus ähnelt, aber nicht von einem bestimmten Körperteil ausgeht. Ihr Sexualpartner wird dadurch einen feuchten Traum haben, in dem Sie vorkommen, oder er wird sich sexuell erregt fühlen, bevor es wieder wach ist. Wenn Ihr Partner gute luzide Traumfähigkeiten hat, kann durch diese Erfahrung auch ein luzider Traum ausgelöst werden. Andernfalls wird er am nächsten Tag aufwachen und sich daran erinnern, von Ihnen geträumt zu haben.

Astral-Astral Sex

Wenn Ihr Partner ebenfalls ein Astralprojektor ist, können Sie die Einigung auch gemeinsam erreichen. Sie müssen dazu nur beide Ihre astralen Körperformen herbeiführen, tief in die Astralebene reisen und den Geschlechtsverkehr dort bewusst vollziehen. Das könnte allerdings etwas schwierig werden, da die Bewegungen auf der Astralebene nicht immer vorhersehbar sind. Wenn möglich, wählen Sie einen Ort und eine Zeit an einem von Ihnen bevorzugten Tag. Vergewissern Sie sich am besten auch, dass Sie beide auf der gleichen astralen Frequenz sind. Je näher Sie beide sich emotional stehen, desto größer sind die Chancen, dass Ihnen der nichtkörperliche Sex auf der Astralebene gelingt.

Außerdem gibt es Berichte von Menschen, die sagen, dass sie Sex mit Wesenheiten hatten, denen sie auf der Astralebene begegnet sind. Derartige Aktivitäten sind nicht sicher, und Sie sollten es niemals versuchen, da einige dieser Wesenheiten nur dazu da sind, um Ihnen Ihre Energie zu entziehen.

Kapitel Zwölf: Wie man in seinen physischen Körper zurückkehrt

Die falsche Vorstellung, dass die Seele während der Astralprojektion dauerhaft vom Körper getrennt werden kann, wurde in den Mainstream-Medien schon viel zu lange verbreitet. Man sieht solche Darstellungen zum Beispiel in Filmen, wo die Seele eines Gegners von seinem physischen Körper getrennt und dann tief in die untere Astralebene geschickt wird, um nie wieder zurückzukehren. Solange Sie nicht sterben, kann Ihre Seele nicht vollständig von Ihrem Körper getrennt werden. Die Rückkehr in die physische Form nach einer außerkörperlichen Erfahrung ist ein recht einfacher Prozess. Manche glauben jedoch, dass es möglich ist, auf die Astralebene zu gehen, ohne in den physischen Körper zurückkehren zu können. Es gibt sogar einen beliebten Mythos über Menschen, die in der Astralebene sterben. Menschen, die so etwas behaupten, haben noch nie eine außerkörperliche Erfahrung gemacht oder sich die Mühe gemacht, mehr darüber herauszufinden. Deshalb fürchten sich viele davor, Astralprojektionsversuche zu praktizieren. Die meisten Informationen, die Sie im Internet über diese falschen Vorstellungen finden können, kommen aus Filmen oder Märchenbüchern. Ebenso glauben manche Menschen, dass ein zu langer Aufenthalt in der Astralebene den Körper anfälliger für Angriffe durch feindliche Wesenheiten macht, die von ihm Besitz ergreifen können, so dass man selbst nie wieder in ihn zurückkehren kann. Auch bei diesen Behauptungen handelt es sich um eklatante Unwahrheiten.

Die Rückkehr in den physischen Körper nach einer Astralreise ist nicht besonders schwierig, solange man weiß, wie man dabei vorgehen muss. In manchen Fällen kann die Seele sogar selbstständig in Ihren Körper zurückkehren, wenn sie das Gefühl hat, dass Sie in irgendeiner Form in Gefahr sind und dass Sie damit nicht umgehen können. Um in Ihren physischen Körper zurückzukehren, müssen Sie wissen, was die sogenannte Silberschnur ist. Die Silberschnur verbindet Ihre Seele mit Ihrem physischen Körper und führt Sie in Ihre Astralform und wieder zurück, wenn Sie mit der Reise fertig sind. Dank der Silberschnur bleibt Ihre Seele immer mit dem physischen Körper verbunden, auch wenn Sie sich in Ihrer Astralform befinden. Die Silberschnur ist stark und haltbar; sie kann nicht einfach reißen oder zerschnitten werden. Außerdem kann sie sich über die Grenzen hinaus dehnen. Selbst wenn Sie es versuchen wollten, könnten Sie die Silberschnur nicht durchschneiden. Dadurch kann Sie auch niemand vollständig von Ihrem physischen Körper trennen.

Die Silberschnur hat eine sehr glatte Struktur, wodurch sie sich nicht verheddern oder verknoten kann. Sie kann auch nicht entfernt werden, aber sie kann sich bei Bedarf dehnen. Wenn Sie Ihre Astralform annehmen und zu den höheren Astralebenen hinauffliegen, folgt Ihnen die Silberschnur, ohne sich von Ihrem Körper zu lösen. Diese Schnur besteht dabei nicht aus einem materiellen Gegenstand, sondern aus reiner Energie - deshalb kann sie nicht durchtrennt oder entfernt werden. Sie können sich also sicher sein, dass niemand die Verbindung zwischen Ihrem physischen und astralen Körper trennen kann. Auch kann diese Verbindung nicht schwächer werden. Die Verbindung zwischen Ihrer Seele und Ihrem Körper bleibt also auch in ihrer Astralform intakt.

Nun kehren Sie in Ihren physischen Körper zurück: Wie Sie gelesen haben, ist der Vorgang ganz einfach. Sie folgen dabei einfach Ihrer Silberschnur, bis Sie in Ihren Körper zurückkehren. Wenn Sie in einen astralen Zustand eintreten, weist Ihnen Ihre Silberschnur den Weg, den Sie entlang reisen. Wenn Sie mit der Erkundung der Astralebene fertig sind, können Sie zu Ihrem Körper zurückkehren, indem Sie das Band zurückverfolgen. Wenn Sie Ihre Astralform annehmen, sind Zeit und Materie nicht existent. Auch physische Entfernungen gibt es nicht. Wenn Sie wollen, können Sie mit der Geschwindigkeit eines Jets fliegen. Oder Sie können mit Lichtgeschwindigkeit rennen. Die Rückkehr in Ihren Körper dauert vielleicht nicht einmal eine Sekunde; es geht dabei mehr ohnehin mehr um Ihren Geist als um Ihren Körper. Wenn Sie bedenken, dass die Astralwelt ein Ort des Willens ist, brauchen Sie folglich nur den Willen haben, in Ihren Körper zurückzukehren.

Es ist verständlich, dass Sie gegebenenfalls Schwierigkeiten dabei haben könnten, in Ihren Körper zurückzukehren, aber das ist normalerweise kein Grund zur Sorge. Wenn Sie Schwierigkeiten haben, gehen Sie einfach zurück in die Astralwelt, erkunden Sie sie weiter und versuchen Sie es dann erneut. Wenn Sie auf einer Astralreise sind und dort etwas Bedrohliches passiert, kehrt die Seele sofort in Ihren physischen Körper zurück. Das Beste, was Sie in einem solchen Fall tun können, ist, eine Schutzmöglichkeit für Ihr persönliches Energiefeld vorzubereiten.

Dreizehntes Kapitel:
Nachwirkungen und Integration

Sobald Ihre Seele sich wieder mit Ihrem Körper verbunden hat, fühlen Sie sich sofort hellwach. In diesem Moment haben Sie ein erhöhtes Bewusstsein, das Sie für Ihre weitere Erleuchtung nutzen können. Das Beste, was Sie nach der Rückkehr in die physische Welt und in Ihren physischen Körper tun können, ist zu meditieren und Ihren Geist wieder auf die Realität einzustimmen. So wie die Meditation hervorragend geeignet ist, um den Geist auf der Astralreise zu beruhigen, ist sie ebenso effektiv, um den Geist und den Körper wieder in Ihren Normalzustand zurückzuversetzen. Es gibt dabei keine negativen Nachwirkungen, die Ihnen durch die Rückkehr aus der Astralwelt entstehen. Etwaige Auswirkungen sind in der Regel rein positiv. Ihr Geist kann alleine durch nur eine Astralerfahrung bereits entscheidend erleuchtet werden. Sie werden mit Sicherheit feststellen, dass sich Ihre Sichtweise auf die Welt und die Probleme, die mit Ihnen und den Menschen um Sie herum zu tun haben, stark verändert hat. Durch Meditation kann dieser Effekt noch verstärkt werden. Achtsamkeitsmeditation öffnet Ihren Geist und steigert Ihre Fähigkeit, sich des gegenwärtigen Augenblicks bewusst zu werden und aufmerksam zu bleiben. Wenn Sie also direkt nach einer Astralprojektion Achtsamkeitsmeditation praktizieren, hilft Ihnen dies nach allem, was Sie erlebt haben, geerdet zu bleiben. Das bedeutet, dass Sie das Gefühl in der Astralwelt zu sein, so lange beibehalten können, wie Sie wollen, wahrscheinlich also bis zu Ihrem nächsten Besuch in der Astralwelt.

Die Meditation direkt nach der Rückkehr in den Körper bietet Ihnen außerdem eine Möglichkeit, das Beste aus Ihrer Astralerfahrung herauszuholen. Wenn Sie zum Beispiel über Ihre Astralform auf die Akasha-Aufzeichnungen zugreifen, kann Ihnen die Meditation direkt nach der Rückkehr in Ihre physische Form dabei helfen, Ihren Geist zu öffnen, damit Sie die Botschaften, die Ihnen in der Halle der Aufzeichnungen übermittelt werden, erfolgreich entschlüsseln können. Die Meditation, insbesondere die Achtsamkeitsmeditation, kann das Gefühl von Klarheit und Gelassenheit über die erstaunliche Erfahrung, die Sie gerade gemacht haben, erhöhen.

Außerkörperliche Meditation

Die außerkörperliche Meditation kann nach der Rückkehr von der Astralebene und unmittelbar vor der Integration zurück in den Körper praktiziert werden. Die Meditation direkt nach einer außerkörperlichen Erfahrung hilft Ihnen, die Nachwirkungen des Besuchs auf den höheren Ebenen zu verstärken. Befolgen Sie die folgenden Anweisungen, während Sie sich noch außerhalb des Körpers befinden:

Setzen Sie sich mit Ihrem Astralkörper in die Luft, direkt über Ihren physischen Körper. Dabei fühlt sich Ihr Geist sehr aufgeregt, angesichts der Welt, aus der er gerade zurückgekommen ist. Beruhigen Sie Ihren Geist und veranlassen Sie Ihren Körper dazu, sich zu entspannen.

Bleiben Sie so lange in dieser Position sitzen, wie Sie möchten. Bleiben Sie ruhig. Ihr Unterbewusstsein kann Ihre Erfahrungen im Astralbereich auf diese Weise besser aufnehmen.

Konzentrieren Sie sich und lassen Sie den Geist durch seine Reise auf der Astralebene erleuchten.

Kehren Sie nach einiger Zeit in Ihren physischen Körper zurück.

Meditieren Sie nicht zu lange, um das Einschlafen bei der Meditation während Sie sich noch in Ihrem Astralzustand befinden, zu vermeiden.

Tagebuchführung

Neben der Meditation sollten Sie nach jeder außerkörperlichen Erfahrung auch ein Tagebuch über Ihre Erfahrungen führen. Es ist erwiesen, dass das Dokumentieren und Messen jedes derartigen Versuchs, den Sie machen, Ihren Fortschritt viel einfacher und schneller voranbringen kann. Das gilt auch für Astralprojektionen, Astralreisen und außerkörperliche Erfahrungen. Um Ihre AKE-Versuche zu dokumentieren, verwenden Sie ein Tagebuch mit einer Seite zur Ansicht. Sie müssen dabei nicht immer etwas Ausführliches schreiben - schreiben Sie einfach auf, wie Sie sich unmittelbar nach Ihrer Erfahrung fühlen. Warten Sie nicht solange, dass Sie vergessen, wie Sie sich nach der Erfahrung gefühlt haben. Das Schreiben eines Tagebuchs bietet Ihnen eine hervorragende Möglichkeit, Ihre Astralprojektion zu überwachen und herauszufinden, in welchen Bereichen Sie sich noch verbessern können. Wenn Sie ein Tagebuch über Ihre Astralreisen führen, erhalten Sie einen Einblick in das, was für Sie wirklich effektiv ist, es dient als Erinnerung an Ihre Erfolge und Misserfolge und, was am wichtigsten ist, es hilft Ihnen dabei, motiviert zu bleiben, um in kürzester Zeit zu einem erfahrenen Astralprojektor und -reisenden zu werden.

- *Einen Übungsplan festlegen*

Ohne die notwendige Routine fällt es Ihnen vielleicht schwer, etwas in Bezug auf Astralreisen zu erreichen. Es erfordert viel Disziplin, mit der Astralprojektion Schritt zu halten, vor allem, wenn Sie noch nicht viele erfolgreiche Versuche durchgeführt haben. Besorgen Sie sich ein gutes Tagebuch, in dem Sie etwas mit Tinte aufschreiben können - führen Sie Ihr Tagebuch bitte nicht auf Ihrem Handy. Wenn Sie Ihre Erlebnisse mit Stift und Papier niederschreiben, können Sie die Ganzheitlichkeit Ihrer Astralreisen schätzen lernen. Wenn Sie möchten, können Sie jedoch Ihr Telefon oder Ihren Computer benutzen, um sich Notizen über alles was in der Astralwelt geschieht zu machen. Nachdem Sie etwa einen Monat lang in Ihr Tagebuch geschrieben haben, sollten Sie erfolgreich eine Routine entwickelt und sich die Astralprojektion zur Gewohnheit gemacht haben.

- *Fortschritte bewerten, Erfolge überwachen und Misserfolge untersuchen*

Manche Menschen erzielen gleich gute Ergebnisse, wenn sie zum ersten Mal eine Astralprojektion versuchen. Schon die Annäherung an eine tatsächliche AKE ist ein Erfolg. Manche Menschen geben jedoch auf, wenn sie nach mehreren Versuchen weiterhin erfolglos geblieben sind. In der Regel geschieht dies aufgrund von Vergesslichkeit - sie vergessen, inwieweit sie erfolgreich waren und was Ihnen noch fehlt, um den Versuch zu einem vollständigen Erfolg zu machen. Das Aufzeichnen Ihrer Erfahrungen kann Ihnen dabei helfen, derartige Situationen zu vermeiden. Wenn Sie Ihre Fortschritte, Erfolge und Misserfolge bei der AKE-Praxis aufzeichnen, werden Sie sich mit größerer Wahrscheinlichkeit schnell verbessern. Und warum? Weil Sie Ihre Fortschritte sorgfältig überwachen. Dadurch wissen Sie, was Sie richtig machen und was Sie nicht richtig zu machen scheinen. Führen Sie also ein Tagebuch und suchen Sie aktiv nach Möglichkeiten, um sich zu verbessern. So können Sie die Methode finden, die Ihnen am meisten zusagt. Nur dann können Sie die gewünschten Ergebnisse erzielen.

- *Verbessern Sie die Realitätsnähe*

Die Astralprojektion ist eine Aktivität, die sich nicht unbedingt greifbar anfühlt, aber wenn man sich deren Details aufschreibt, fühlen sich die Erfahrungen *realer* an. Selbst wenn Sie ein paar Mal danebenschießen, werden sich die Fehlschüsse für Sie ebenso real anfühlen, wenn Sie sie aufschreiben. Wenn Sie schon einmal ein Traumtagebuch geführt haben, werden Sie wissen, wie sich das anfühlt. Wenn Sie Ihre Träume sofort nach dem Aufwachen aufschreiben, bleiben sie in der Regel besser in Ihrem Unterbewusstsein erhalten. Aber die Träume, die Sie nicht aufschreiben, verschwinden schnell wieder. Fangen Sie also damit an, Ihre Erlebnisse aufzuschreiben, damit sie sich für Sie realer anfühlen. Und was noch wichtiger ist: Ihre Erfolge werden dadurch deutlicher sichtbar, und das wird Sie wiederum dazu motivieren, mit der Übung fortzufahren.

Stellen Sie sicher, dass Sie sich einen Zeitplan für Ihre AKE-Übungen aufstellen. Suchen Sie sich einen Tag in der Woche aus, an dem Sie üben wollen, und achten Sie darauf, dass Sie diesen Tag nie verpassen. Wenn Sie sich verbessern, können Sie die Anzahl der wöchentlichen Übungstage erhöhen. Das regelmäßige Üben ist in der Regel der Schlüssel zur vollen Entfaltung Ihrer Fähigkeiten zur Astralprojektion. Üben Sie diszipliniert weiter und erforschen Sie die Astralwelt, um dadurch ein tieferes Gefühl der Erleuchtung und des Bewusstseins zu erlangen. Nach einer Weile werden Sie dabei vielleicht sogar Ihre übersinnlichen Fähigkeiten aktivieren.

Vierzehntes Kapitel: Energieheilung

Wenn Sie vorhaben, bald ein erfahrener Astralprojektor zu werden, müssen Sie wissen, wie Sie bei Bedarf notwendige Energieheilung möglich machen können. Sie müssen keine Fähigkeiten zur Reiki-Heilung beherrschen, bevor Sie sich selbst heilen können. Im ersten Kapitel haben Sie gelernt, dass das aurische Feld sich falsch verhalten kann, wenn die Energiezentren nicht synchron sind. Das kann Ihre Fähigkeit, Ihre Astralform anzunehmen, beeinträchtigen. Wann immer Sie das Gefühl haben, dass Ihre Energiezentren falsch ausgerichtet sind, haben die Meister der Heilung vier wesentliche Techniken erprobt, die Ihnen helfen sollen, Ihr Energieniveau zu heilen und wiederanzuheben - genau so, wie ein Energieheiler Ihnen auch dabei helfen würde, Ihre Kräfte wiederherzustellen.

- **Eine Verbindung zum kosmischen Energiefluss**

Wann immer sich Ihre Energiepunkte nicht synchronisiert anfühlen, können Sie sich mit dem universellen Energiepunkt verbinden, um die unendliche Energiequelle anzuzapfen und sich dadurch zu heilen. Sobald Sie dies tun, werden Sie einen Schub von Energie erfahren und Ihre Schwingungen erhöhen, um dadurch kraftvoller zu werden. Die einfachste Möglichkeit, den kosmischen Energiefluss anzuzapfen, besteht darin, dass Sie sich eine Erdungsschnur vorstellen, die von Ihrem Sitz aus bis zum Boden reicht und Sie mit dem Energiezentrum der Erde verbindet. Wenn Sie diese Verbindung spüren, atmen Sie sie ein und erlauben Sie der Energie, durch dieselbe Schnur zu fließen, die Sie mit dem Energiezentrum der Erde verbindet. Spüren Sie, wie die Energie Ihren Körper hinauffließt, von den Füßen in die Beine, in den Bauch, die Brust, den Hals, das Herz und den Kopf. Lassen Sie die Energie über Ihren Kopf fließen, als ob Sie sich unter einem Wasserfall befinden. Stellen Sie sich dann vor, wie der Energieregen wieder in den Boden zurückfließt und erneut in seinem vorherigen Zentrum ankommt. Mit dieser Visualisierungsübung können Sie Ihren Körper ganz einfach mit der Energie aus der universellen Energiequelle verbinden und aufladen.

- **Reinigen Sie regelmäßig Ihre Aura**

Wenn Ihr Energiefeld verunreinigt, ausgelaugt oder aus dem Gleichgewicht geraten ist, wirkt sich das auf Ihre Aura aus. Externe Energie kann Ihre Aura aufgrund eines Mangels am richtigem Energiefluss neblig machen. Wenn dann auch noch die Farben in der Aura trübe sind, sind Sie bei Ihrem nächsten Versuch, die Astralebene zu betreten, verwundbar. Daher ist es wichtig, dass Sie Ihr Aura-Feld regelmäßig reinigen, damit es sein lebendiges Aussehen behält. Trübe Farben in der Aura können eine niedrige und statische Schwingung erzeugen, die es Ihnen unmöglich macht, auf der Astralebene mit einem klaren Geist zu arbeiten. Um Ihr Aura-Feld zu reinigen und seine Farben wiederherzustellen, setzen Sie sich an einen ruhigen Ort und verbinden Sie die Finger Ihrer linken Hand zu einer Kegelform. Legen Sie dann die kegelförmigen Finger auf die rechte Seite Ihres Kopfes, ein wenig oberhalb der Stirn. Wiederholen Sie das Gleiche mit der rechten Hand, aber lege sie diese auf die linke Seite Ihres Haaransatzes. Verharren Sie etwa fünfzehn Sekunden in dieser Position und tauschen Sie dann die Hände aus. Warten Sie weitere fünfzehn Sekunden. Jedes Chakra – also jeder Ihrer Energiepunkte - kann mit einem Weihnachtslicht verglichen werden. Wenn Sie diese Methode anwenden, verbinden Sie jedes Zentrum mit dem nächsten, um so Ihr gesamtes aurisches Feld zu erleuchten.

- **Bauen Sie ein Schild um Ihr Energiefeld herum auf**

Wenn Sie sich mit anderen Menschen unterhalten oder so etwas Einfaches wie einen Gruß im Vorbeigehen austauschen, nehmen Sie unbewusst an einem Energieaustausch teil. Vielleicht haben Sie bereits bemerkt, dass manche Menschen Ihre Stimmung verderben, während andere sie aufhellen. Das liegt daran, dass jeder Mensch, mit dem Sie

Zeit verbringen, auf seine eigene Weise Ihr Energiefeld beeinflusst. Die wissen aber vielleicht nicht, dass sie das tun. Manchmal gerät man ahnungslos in einen ungünstigen Energieaustausch mit den falschen Menschen. Das wirkt sich dann auf Ihr aurisches Feld und auf alles andere aus, was damit verbunden ist, einschließlich Ihres Geistes, Ihres Astralgeistes und Ihres physischen Körpers. Deshalb ist es wichtig, dass Sie sich vor Negativität abschirmen. Indem Sie Ihr Energiefeld abschirmen, wenn Sie sich mit anderen Menschen austauschen, verhindern Sie, dass Ihr Energiefeld durch negative Energie gesättigt oder übersättigt wird. Das hilft Ihnen dabei, sich Ihre Energie zu bewahren und sogenannte Energievampire von sich fernzuhalten.

Um einen Schutzschild um Ihr aurisches Feld herum aufzubauen, setzen Sie sich in einen ruhigen Raum und stellen Sie sich ein sehr helles Licht in einer beliebigen Farbe vor. Lassen Sie das Licht von Ihrem Oberbauch aus zu jedem Teil Ihres Körpers strahlen, so dass es Ihr aurisches Feld sättigt. Das ist dann so, als würden Sie eine dicke, weiche Decke über Ihren Körper legen, um ihn warm und zentriert zu halten. Diese Methode schützt Sie vor potenziellen Energievampiren.

Kapitel Fünfzehn: Die Verbesserung Ihrer hellseherischen Fähigkeiten durch Astralprojektion

Die Hellsichtigkeit ist eine primäre übersinnliche Fähigkeit, die so viel wie „klares Sehen" für den Praktizierenden bedeutet. Dies deutet auf die Fähigkeit hin, innerhalb und jenseits aller Dinge zu sehen. Die Hellsichtigkeit ermöglicht es Ihnen, in das Wissen Ihrer Seele und anderer Seelen im Universum zu blicken, einschließlich jener aus der Vergangenheit und jener, die sich in Zukunft noch manifestieren werden. Experten gehen davon aus, dass jeder Mensch über hellseherische Fähigkeiten verfügt, auch wenn der Grad von Person zu Person unterschiedlich ist. Das Gute daran ist, dass die Astralprojektion und die Astralreisen sehr effektiv dabei helfen können, Ihre hellseherischen Fähigkeiten zu verbessern. Beim Besuch der Astralebene gibt es einige Schritte, die Sie unternehmen können, um Ihre Fähigkeiten zu erweitern. So wie Sie durch Sport Ihre körperlichen Muskeln aufbauen können, können Sie durch Übungen zur Astralprojektion Ihre hellseherischen Muskeln trainieren.

Die Praxis der Astralprojektion ist eine Zeit, in der Sie Ihre Ängste loslassen können, dazu gehören auch Ihre hellseherischen Ängste. Auf die eine oder andere Weise haben Sie vielleicht bereits erlebt, dass sich

Ihre Hellsichtigkeit auf seltsame Weise manifestiert hat. Ohne es zu ahnen, haben Sie diese Fähigkeit vielleicht in Ihrem Unterbewusstsein blockiert, weil Sie sie nicht als das erkannt haben, was es ist. Das Erste, was Sie tun müssen, ist, Ihre Ängste in Bezug auf Ihre Gabe loszulassen, während Sie sich auf der Astralebene befinden. Während Sie meditieren, um sich in die Astralebene zu projizieren, können Sie Ihre Intention einfach formulieren: „Ich werde meine Ängste in Bezug auf meine übersinnlichen Fähigkeiten in der Astralebene loslassen." Wenn Sie sich das vor der Abreise sagen, fällt es Ihnen viel leichter, der Intention zu folgen. Wie schaffen Sie es, diesem Plan Folge zu leisten, wenn Sie sich erst einmal auf der Astralebene befinden oder einfach in Ihre Astralform eintreten?

- *Suchen Sie sich einen ruhigen Ort auf der Astralebene.* Achten Sie darauf, dass Sie dies auf der höheren Astralebene tun, um zu vermeiden, dass Sie von einer niederen Astralentität angegriffen werden, während Sie in die Aufgabe vertieft sind. Wenn Sie sich nicht auf der höheren Ebene befinden, erschaffen Sie einen Panzer aus Licht um sich herum, um negative Wesenheiten von sich fernzuhalten.
- *Versuchen Sie als Nächstes, die Quelle Ihrer Angst zu lokalisieren.* Es wäre viel bequemer, dies in Ihrem Astralkörper zu tun als auf der physischen Ebene, da Ihr Bewusstsein das einzige aktive und bewusste Ding im Astralbereich ist. Daher sollte es für Sie einfacher sein, sich auf Ihrer Suche zu orientieren. Identifizieren Sie zunächst die Quelle der Angst.
- *Sobald Sie die Quelle kennen, verwenden Sie eine positive Affirmation, um die Angst zu vertreiben.* Sagen Sie so etwas wie: „Ich lasse die Angst los, die mich daran hindert, meine hellseherischen Fähigkeiten voll zu realisieren."
- *Wiederholen Sie diese Affirmation so oft wie Sie wollen.*

Machen Sie dies dreimal hintereinander, wenn Sie sich auf der Astralebene befinden, und Sie werden Ihre Angst vor dem Hellsehen in kürzester Zeit verlieren.

Sobald Sie Ihre Ängste losgeworden sind, besteht der nächste Schritt darin, dass Sie sich auf das Chakra des dritten Auges einstimmen. Dieses Chakra ist einer Ihrer Energiepunkte und der Grund, warum Sie hellseherische Fähigkeiten haben. Da das Chakra des dritten Auges ein Energiepunkt ist und der Astralkörper eine der Energieebenen ist, fällt

Ihnen die Einstimmung auf das dritte Auge auf der Astralebene normalerweise leichter.

Wenn Sie Ihre Astralform angenommen haben:

- Schließen Sie die Augen und konzentrieren Sie sich auf die Stelle zwischen Ihren beiden Augenbrauen. Stellen Sie sich diese Stelle als eine horizontale ovale Form zwischen Ihren Augen vor.
- Versuchen Sie festzustellen, ob das Augenlid dieses dritten Auges geschlossen oder geöffnet ist. Wenn es geschlossen ist, bitten Sie es sanft, sich zu öffnen und wiederholen Sie die Bitte, bis Sie spüren, dass das Auge offen ist.
- Wenn sich das dritte Auge öffnet, spüren Sie sofort ein Gefühl von Wärme in Ihrem Körper. Dies geschieht, weil Sie auf einen Teil von sich zugreifen können, der zuvor blockiert war.
- Wenn Sie es nicht beim ersten Mal schaffen, üben Sie so lange, bis es schließlich klappt.

Denken Sie daran, dass Sie diese Übung auch in Ihrer physischen Form durchführen können. Allerdings ist sie in dem Fall gegebenenfalls nicht so effektiv, weil Sie in Ihrer Astralform näher an den Energiepunkten sind.

Nachdem Sie Ihr drittes Auge geöffnet haben, können Sie damit anfangen, schwebende Objekte, wie Schatten, Lichter und Bilder zu sehen. Diese werden Ihnen in der Regel in verschiedenen Formen erscheinen: vollfarbig, schwarz, weiß, grau, lebensecht oder Cartoon artig. Am Anfang werden Sie die Bilder wahrscheinlich nicht verstehen. Damit sie Ihnen klarer werden, sollten Sie sich in der Visualisierung üben, bevor Sie Ihre Kraft nutzen, um bestimmte Fragen zu stellen und anschließend zu beantworten. Stellen Sie die Bilder in Ihrem Geist visuell nach und machen Sie sie deutlicher und heller, damit Sie sie klarsehen und interpretieren können. Das erfordert ein erhebliches Maß an Willenskraft und bewusster Absicht, vor allem, wenn Sie in Ihrer Astralform üben. Die Astralebene ist ein Energiepunkt, was bedeutet, dass sie natürlich mehr Energie benötigt, um auf der Ebene zu existieren. Wenn Sie die im vorigen Kapitel besprochenen Energieheilungsmethoden regelmäßig praktizieren, werden Sie sich nie wieder Sorgen machen, dass Ihre Energiequelle auf der Astralebene erschöpft sein könnte.

Beginnen Sie damit, Ihre hellseherischen Fähigkeiten einzusetzen, um wichtige Fragen zu beantworten. Achten Sie darauf, dass Sie die Fragen so spezifisch wie möglich formulieren. Stellen Sie keine offenen Fragen wie „Wie sieht meine Zukunft aus?". Stellen Sie stattdessen konkrete Fragen wie zum Beispiel: „Werde ich diese Fähigkeit in den nächsten fünfzehn Jahren immer noch haben?" Die Fragen, die Sie stellen, sollten so formuliert sein, dass die Antworten, die Sie erhalten, leicht entschlüsselt werden können. Meiden Sie allgemeine Fragen, bis Sie Ihre Fähigkeiten weiterentwickelt haben. Sobald Sie mentale Bilder empfangen, versuchen Sie, diese zu interpretieren, damit Sie wissen, was sie Ihnen mitteilen sollen. Wenn Ihnen einige der Bilder nichts sagen, nutzen Sie Ihre Zeit auf der Astralebene, um sich mit Ihren Geistführern und anderen höheren Wesenheiten zu beraten, um die Bedeutung der Bilder und Symbole zu klären. Die Antworten Ihres Geistführers können durch Gefühle, Ihren Geschmackssinn, Ihre Gedanken oder durch Klänge zu Ihnen kommen - genau wie in der Akasha-Halle der Aufzeichnungen. Verzweifeln Sie nicht, wenn die Antwort, die Sie erhalten, Ihnen zunächst vage oder zufällig erscheint; das ist normal. Sie müssen nur Ihre Fragen an die höheren Wesen wiederholen, damit sie Ihnen auf verschiedene Arten wiederholt antworten können, bis Sie sie schließlich verstehen.

Führen Sie in der Zwischenzeit ein Tagebuch über Ihre hellseherischen Erfahrungen. Sie sollten diese Erfahrungen nicht in dasselbe Tagebuch schreiben, das Sie für Ihre AKE-Reisen benutzen – suchen Sie sich stattdessen ein anderes Tagebuch. Wie Sie bereits wissen, hilft Ihnen das Führen eines Tagebuchs dabei, Ihre persönlichen Fortschritte zu überwachen. In diesem Fall wird es Ihnen einen besseren Einblick in andere übersinnliche Fähigkeiten geben, die Sie möglicherweise ebenfalls besitzen. Wenn möglich, sollten Sie sich jemanden suchen, der ebenfalls übersinnliche Fähigkeiten hat und sich mit Astralprojektion beschäftigt. Sie können sich dann gegenseitig helfen, Ihre Fähigkeiten zu entwickeln und stärker zu werden.

Vergessen Sie nicht, regelmäßig zu meditieren und Visualisierung zu üben, denn beides kann Ihre hellseherischen Fähigkeiten weiter verbessern. Außerdem sollten Sie Ihre Erfahrungen mit Ihrem Geistführer und anderen höheren Wesen auf der Astralebene teilen.

Fazit

Herzlichen Glückwunsch, Sie sind auf dem besten Weg, zu einem erfolgreichen Astralprojektor zu werden. Das Erlernen der Astralprojektion setzt zwei Hauptkriterien voraus: 1) Sie müssen die richtigen Ressourcen haben, um Zugang zu allen Informationen zu bekommen, die Sie brauchen, und 2) Sie müssen in der Lage sein, die Informationen in die Praxis umzusetzen.

Dieses Buch hat so ziemlich alle nötigen Informationen über die Astralprojektion abgedeckt. Sie haben die grundlegenden und fortgeschrittenen Techniken der Astralprojektion kennengelernt und wissen, wie man sie richtig anwendet. Und was noch wichtiger ist: Sie haben gelernt, wie Sie sich in der Astralwelt richtig schützen können. Jetzt müssen Sie nur noch fleißig üben und sich auf den Weg zur spirituellen Erleuchtung und einem erweiterten Bewusstsein machen.

Viel Spaß auf Ihrer Reise!

Hier ist ein weiteres Buch von Mari Silva, das Ihnen gefallen könnte

www.ingramcontent.com/pod-product-compliance
Lightning Source LLC
Chambersburg PA
CBHW070752220426
43209CB00084B/1172